SCIENTIA

1899

PHYS. MATHÉMATIQUE

n° 4

LES MOUVEMENTS
DE
ROULEMENT EN DYNAMIQUE

PAR

P. APPELL

AVEC DEUX NOTES DE M. HADAMARD

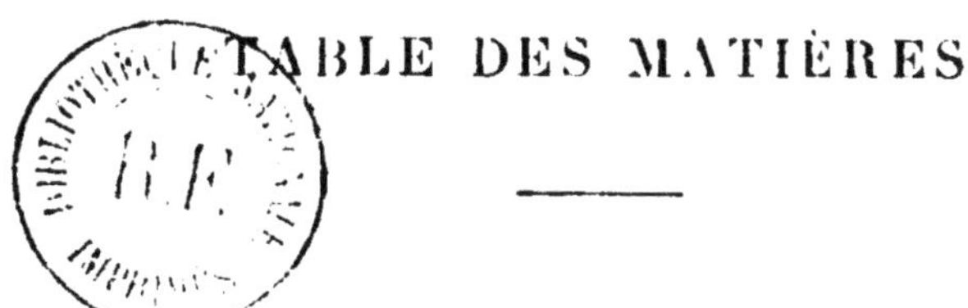

TABLE DES MATIÈRES

Pages.

INTRODUCTION 5

Principaux ouvrages et mémoires à consulter 6

CHAPITRE I. — **Quelques formules générales relatives au mouvement d'un solide** 7

1. Quelques théorèmes de cinématique 7
2. Formules 8
3. Applications 9
4. Accélération d'un point 9
5. Mouvement d'un corps solide autour d'un point fixe . 10
6. Cas particuliers 12
7. Mouvement d'un corps solide libre 14

CHAPITRE II. — **Roulements** 17

8. Roulement et pivotement d'une surface mobile sur une surface fixe 17
9. Conditions physiques déterminant le roulement et le pivotement d'une surface mobile sur une surface fixe. 18
10. Force vive d'un corps solide animé d'un mouvement de roulement et pivotement 20
11. Équations du mouvement du corps. 20

CHAPITRE III. — **Applications** 21

12. Applications. 21
13. Roulement d'une sphère sur une surface 21
14. Exemples 25
15. Équations du mouvement d'un solide pesant assujetti à rouler et pivoter sur un plan horizontal. 25
16. Roulement et pivotement d'un corps pesant de révolution sur un plan horizontal 27
17. Applications. 33
18. Recherches de M. Carvallo sur le cerceau. 34
19. Problème de la bicyclette. 36

Pages.

Chapitre IV. — **Mécanique analytique. Équations de Lagrange** 37

20. Le roulement est une liaison qui ne peut pas s'exprimer en général par des équations en termes finis. . 37
21. Application de l'équation générale de la dynamique . 39
22. Emploi des équations de Lagrange 39
23. Impossibilité d'appliquer directement les équations de Lagrange au nombre minimum de paramètres. . 41
24. Équations pouvant remplacer celles de Lagrange . . 45

Notes de M. Hadamard

I. Sur les mouvements de roulement. 47

II. Sur certains systèmes d'équations aux différentielles totales. 69

LES MOUVEMENTS

DE

ROULEMENT EN DYNAMIQUE

AVEC DEUX NOTES DE M. HADAMARD

INTRODUCTION

Les mouvements de roulement occupent en dynamique une place à part, comme il est connu depuis longtemps, principalement par les recherches de Neumann (*Mathematische Annalen*, t. XXVII, 1886). Ce fait tient à ce que la liaison, d'après laquelle deux corps solides roulent l'un sur l'autre, ne peut pas s'exprimer par des équations en termes finis entre les coordonnées, mais s'exprime par des équations dont les premiers membres sont des fonctions linéaires et homogènes des différentielles des coordonnées, *ces fonctions n'étant pas des différentielles totales exactes*. De là, des difficultés particulières quand on veut appliquer à ces problèmes les méthodes générales de la dynamique analytique. D'autre part ces mouvements se rencontrent constamment en mécanique appliquée : le cerceau, le monocycle, le bicycle, les roulements à billes en sont les exemples les plus simples.

Cet ouvrage a pour but de faire connaître les principales méthodes employées pour traiter ce genre de problèmes, de façon à mettre le lecteur à même d'entreprendre de nouvelles recherches.

PRINCIPAUX OUVRAGES ET MÉMOIRES A CONSULTER :

SLESSER. — *Quarterly Journal of Mathematics.* 1861.

NEUMANN. — *Mathematische Annalen,* t. XXVII, 1886. *Berichte über die Verhandlungen der Konigl. Sachsischen Gesellschaft der Wissenschaften zu Leipzig,* 1888.

ROUTH. — *Advanced Rigid Dynamics* (Mac-Millan and Co, 1884).

VIERKANDT. — Ueber gleitende und rollende Bewegung (*Monatsheft für Mathematik und Physik,* t. III, p. 47 : 1892).

HADAMARD. — Sur les mouvements de roulement (*Comptes rendus,* 1894, Mémoires de la Société des Sciences physiques et naturelles de Bordeaux, t. V, 1895). Ce Mémoire est reproduit à la fin du volume.

BOURLET. — *Bicycles et Bicyclettes.* 1er Vol. Équilibre et direction ; 2e Vol. Travail (Gauthier-Villars). Étude théorique sur la bicyclette (*Bulletin de la Société mathématique de France,* 1899). Sur les roulements à billes (*Génie civil,* 1898). Pistes de vélodrome. (*Circolo Matematico di Palermo,* 1899.)

SHARP. — *Bicycles and Tricycles,* Longmans Green. London 1896.

CARVALLO. — Mémoire présenté au concours du prix Fourneyron (Séance publique de l'Académie des Sciences, 17 décembre 1898). Ce mémoire doit paraître prochainement dans le *Journal de l'École polytechnique.*

BOUSSINESQ. — Diverses notes dans les *Comptes rendus,* deuxième semestre 1898, premier semestre 1899, et *Journal de Mathématiques,* premiers fascicules 1899.

KORTEWEG[1]. — Ueber eine ziemlich verbreitete unrichtige Behandlungsweise eines Problemes der rollenden Bewegung, über die Theorie dieser Bewegung, und ins besondere über kleine rollende Schwingungen um eine Gleichgewichtslage. *Nieuw Archief voor Wiskunde,* 1899. Ce mémoire sera suivi d'une *Note sur le mouvement de roulement d'un corps pesant de révolution sur le plan horizontal,* qui paraîtra dans le même recueil, fin 1899.

APPELL. — Sur l'intégration des équations du mouvement d'un corps pesant de révolution roulant par une arête circulaire sur un plan horizontal ; cas du cerceau. — A paraître dans les *Rendi conti del Circolo Matematico di Palermo,* premier fascicule 1900.

---

[1] Je n'ai eu connaissance de ce Mémoire qu'après la mise en pages du présent volume.

CHAPITRE PREMIER

QUELQUES FORMULES GÉNÉRALES RELATIVES AU MOUVEMENT D'UN SOLIDE

OUVRAGES A CONSULTER :

DARBOUX. — *Leçons sur la théorie générale des surfaces.* t. I, chap. I et II ;

ROUTH. — *The Advanced part of a Treatise on the Dynamics of a system of Rigid-Bodies,* chap. I.

1. **Quelques théorèmes de cinématique.** — Imaginons d'abord un système de forme invariable en mouvement autour d'un point fixe O. On démontre en cinématique que, à chaque instant t, les vitesses des divers points du système sont les mêmes que s'il tournait avec une certaine vitesse angulaire ω autour d'un axe passant par le point fixe. On représente cette rotation, appelée rotation instantanée, par un vecteur $O\omega$, de longueur ω, porté sur l'axe de rotation dans un sens tel qu'un observateur, ayant les pieds en O et la tête en ω, voie le système tourner de sa gauche vers sa droite.

Imaginons ensuite un système invariable animé d'un mouvement quelconque. Prenons un point O invariablement lié au système, et soit V la vitesse de ce point. On démontre que les vitesses des divers points du système sont les mêmes que si le système était animé à la fois d'une translation de vitesse égale à V et d'une rotation de vitesse angulaire ω autour d'un axe $O\omega$ passant par O. Cela veut dire que la vitesse d'un point quelconque du système est la résultante d'un vecteur égal à V et d'un vecteur égal à la vitesse qu'aurait ce point si le système était animé seulement de la rotation ω. Dans cette représentation de l'état des vitesses le choix du point O invariablement lié au système est *arbitraire*. Si, au même instant t, on avait fait choix d'un autre point O' invariablement lié au système, on aurait une autre vitesse V' pour la translation, mais la rotation serait la même.

2. **Formules.** — Considérons un trièdre trirectangle $Oxyz$ en mouvement. Ce trièdre constitue un système invariable. Nous supposerons les axes orientés de telle façon qu'une rotation de 90° dans le sens positif autour de Oz amène Ox sur Oy.

Soient, à l'instant t, V' la vitesse du point O et ω' la rotation instantanée du trièdre, désignons par u', v', w' et p', q', r' les projections des vecteurs V' et ω' sur les axes mobiles $Oxyz$.

Quand le mouvement du trièdre est donné, V' et ω' sont connus à chaque instant, donc u', v', w', p', q', r' sont des fonctions connues du temps. Réciproquement, si ces quantités sont données en fonction du temps, on peut trouver le mouvement du trièdre comme on le verra dans les *Leçons de M. Darboux*, vol. I, chapitre II.

Vitesse d'un point. — Soit m un point *invariablement lié* au trièdre : les coordonnées x, y, z de ce point par rapport au trièdre sont alors constantes. Appelons V_e la vitesse du point m à l'instant t et V_{ex} V_{ey} V_{ez} ses projections sur les axes mobiles. On a, d'après les formules connues pour les rotations

$$
(1)\qquad \begin{aligned} V_{ex} &= u' + q'z - r'y \\ V_{ey} &= v' + r'x - p'z \\ V_{ez} &= w' + p'y - q'x. \end{aligned}
$$

Si le point m est en mouvement par rapport aux axes $Oxyz$, ses coordonnées x, y, z varient avec t. La vitesse absolue du point m est alors la résultante de sa vitesse relative qui a pour projections $\frac{dx}{dt}, \frac{dy}{dt}, \frac{dz}{dt}$ et de sa vitesse d'entraînement qui a pour projections les quantités (1). On a donc, en appelant V_a la vitesse absolue du point m et V_{ax}, V_{ay}, V_{az} ses projections

$$
(2) \qquad \begin{aligned}
V_{ax} &= \frac{dx}{dt} + u' + q'z - r'y \\
V_{ay} &= \frac{dy}{dt} + v' + r'x - p'z \\
V_{az} &= \frac{dz}{dt} + w' + p'y - q'x.
\end{aligned}
$$

3. **Applications**. — 1° *Exprimer que le point m est immobile dans l'espace.*— Il suffit d'écrire que sa vitesse absolue est nulle

$$
(3) \qquad \frac{dx}{dt} + u' + q'z - r'y = 0, \quad \text{etc.}
$$

2° *Exprimer qu'une droite ayant pour cosinus directeurs par rapport aux axes Oxyz les quantités α, β, γ, a, dans l'espace, une direction fixe.* — En menant par l'origine un segment OA de longueur 1 parallèle à la droite donnée, on obtient un point A de coordonnées

$$
x = \alpha, \qquad y = \beta, \qquad z = \gamma.
$$

Pour que le segment OA se déplace parallèlement à lui-même, il faut et il suffit que les points A et O aient la même vitesse absolue à chaque instant : c'est ce qu'on exprime en écrivant $V_{ax} = u'$, $V_{ay} = v'$, $V_{az} = w'$; on a ainsi les conditions

$$
(4) \qquad \frac{d\alpha}{dt} + \gamma q' - \beta r' = 0, \quad \text{etc...}
$$

4. **Accélération d'un point**. — Soit m un point en mouvement par rapport aux axes mobiles : désignons par V_a sa vitesse absolue et par J_a son accélération absolue.

Prenons un point absolument fixe O_1 ayant pour coordonnées a, b, c par rapport aux axes mobiles, et menons par ce point un segment $O_1 m_1$ égal et parallèle à V_a. D'après la définition de l'accélération, J_a est égal à la vitesse absolue du point m_1. Or les coordonnées x_1, y_1, z_1 de m_1 par rapport aux axes $Oxyz$ sont

$$x_1 = a + V_{ax}, \qquad y_1 = b + V_{ay}, \qquad z_1 = c + V_{az}.$$

On a donc, en appelant J_{ax}, J_{ay}, J_{az} les projections de l'accélération cherchée J_a

$$J_{ax} = \frac{dx_1}{dt} + u' + q'z_1 - r'y_1 \ldots$$

ou

$$J_{ax} = \frac{da}{dt} + \frac{dV_{ax}}{dt} + u' + (c + V_{az})\,q' - (b + V_{ay})\,r', \ldots$$

Mais le point O_1 étant fixe dans l'espace, on a

$$\frac{da}{dt} + u' + q'c - r'b = 0 \ldots$$

Donc enfin

$$(5) \qquad \begin{aligned} J_{ax} &= \frac{dV_{ax}}{dt} + q'V_{az} - r'V_{ay}, \\ J_{ay} &= \frac{dV_{ay}}{dt} + r'V_{ax} - p'V_{az}, \\ J_{az} &= \frac{dV_{az}}{dt} + p'V_{ay} - q'V_{ax}. \end{aligned}$$

5. Mouvement d'un corps solide autour d'un point fixe. — Imaginons un corps solide mobile autour d'un point fixe O sous l'action de forces données $F_1, F_2, F_3, \ldots$ Appelons ω la rotation instantanée du corps à l'instant t, rotation représentée par un certain vecteur $O\omega$. Rapportons le mouvement du corps à un trièdre $Oxyz$ de sommet O animé d'un mouvement connu : appelons, comme plus haut, ω' la rotation instantanée du trièdre au temps t. Nous désignerons par p', q', r' les projections de ω' sur les trois axes, et par p, q, r celles de ω. Le point O étant fixe, les quantités u', v', w' sont nulles.

Moment résultant des quantités de mouvement. — Une molécule m du corps de coordonnées x, y, z possède à l'instant t une vitesse absolue V_a ayant pour projections sur les axes mobiles, d'après les formules connues pour les rotations,

$$(6) \qquad \begin{aligned} V_{ax} &= qz - ry \\ V_{ay} &= rx - pz \\ V_{az} &= py - qx. \end{aligned}$$

Construisons le moment résultant $O\sigma$ des quantités de mouvement des divers points du corps par rapport au point O. Le moment de la quantité de mouvement du point m, par rapport à O, a pour projections sur les axes

$$m(yV_{az} - zV_{ay}), \ldots$$

c'est-à-dire

$$m[(y^2 + z^2)p - xyq - xzr], \ldots$$

En appelant $\sigma_x, \sigma_y, \sigma_z$ les projections de $O\sigma$ sur les axes Ox, Oy, Oz on a donc

$$\sigma_x = \Sigma m[(y^2 + z^2)p - xyq - xzr], \ldots$$

Posons

$$(7) \qquad \begin{aligned} A &= \Sigma m(y^2 + z^2), & B &= \Sigma m(z^2 + x^2), & C &= \Sigma m(x^2 + y^2) \\ D &= \Sigma myz, & E &= \Sigma mxz, & F &= \Sigma mxy; \end{aligned}$$

il vient

$$(8) \qquad \begin{aligned} \sigma_x &= Ap - Fq - Er \\ \sigma_y &= Bq - Dr - Fp \\ \sigma_z &= Cr - Ep - Dq. \end{aligned}$$

Dans ces formules A, B, C sont les moments d'inertie du corps par rapport aux axes $Oxyz$ et D, E, F les produits d'inertie par rapport aux mêmes axes. Comme le trièdre $Oxyz$ est supposé animé d'un mouvement quelconque dans l'espace et dans le corps, ces six quantités varient avec le temps.

Force vive du corps. — La demi-force vive $T = \dfrac{\Sigma m V_a^2}{2}$ est donnée par la formule

$$2T = \Sigma m(V_{ax}^2 + V_{ay}^2 + V_{az}^2)$$

d'où, en développant,

$$2T = Ap^2 + Bq^2 + Cr^2 - 2Dqr - 2Erp - 2Fpq. \tag{9}$$

on peut vérifier que l'on a

$$\sigma_x = \frac{\partial T}{\partial p}, \qquad \sigma_y = \frac{\partial T}{\partial q}, \qquad \sigma_z = \frac{\partial T}{\partial r}. \tag{10}$$

Moment résultant des forces. — Soit OS le moment résultant des forces appliquées au corps par rapport au point O : S_x, S_y, S_z ses projections sur les axes. Ces quantités sont respectivement les sommes des moments des forces par rapport aux axes Ox, Oy, Oz.

Équations du mouvement. — D'après une interprétation géométrique du théorème des moments donnée par Resal (Voyez mon Traité de mécanique, t. II, chapitre XVIII), la vitesse absolue du point σ est, à chaque instant, égale et parallèle à S. Nous allons écrire que les projections de la vitesse absolue de σ sur les axes $Oxyz$ sont égales à celles de S. Or le point σ ayant pour coordonnées $\sigma_x, \sigma_y, \sigma_z$, les projections de sa vitesse absolue sont données par les formules (2) où on remplace x, y, z par $\sigma_x, \sigma_y, \sigma_z$ et u', v', w' par zéro. On a donc les équations du mouvement

$$\begin{aligned} \frac{d\sigma_x}{dt} + q'\sigma_z - r'\sigma_y &= S_x \\ \frac{d\sigma_y}{dt} + r'\sigma_x - p'\sigma_z &= S_y \\ \frac{d\sigma_z}{dt} + p'\sigma_y - q'\sigma_x &= S_z. \end{aligned} \tag{11}$$

Dans ces équations $\sigma_x, \sigma_y, \sigma_z$ ont les valeurs (8) ; et il faut remarquer que dans le calcul de $\frac{d\sigma_x}{dt}$, ... il faut tenir compte de ce fait que les coefficients A, B, ... sont en général variables avec t.

6. **Cas particuliers.** — 1° *Le trièdre de référence $Oxyz$ est attaché au corps.* — Si le trièdre est invariablement lié au corps,

la rotation instantanée du trièdre ω' est identique à celle du corps. On a donc

$$p' = p, \qquad q' = q, \qquad r' = r.$$

En outre A, B, C, D, E, F sont des *constantes*. Si on suppose que le trièdre de référence soit formé par les axes principaux d'inertie du corps relatifs à O, on voit que D, E, F sont nuls et on retrouve les équations d'Euler.

2° *L'axe* Oz *est lié au corps; les axes* Ox *et* Oy *sont mobiles dans le corps.* — Un point m pris sur Oz doit avoir la même vitesse absolue soit qu'on le regarde comme entraîné par le trièdre $Oxyz$, soit qu'on le regarde comme entraîné par le corps. On doit donc avoir

$$q'z - r'y = qz - ry, \qquad \text{etc.}$$

quand on suppose x et y nuls. On a donc

$$p' = p, \qquad q' = q$$

mais r' est différent de r.

Imaginons par exemple que l'ellipsoïde d'inertie relatif à O soit de révolution. Prenons pour axe Oz l'axe de révolution et pour axes Ox, Oy deux axes rectangulaires dans le plan de l'équateur, ces axes étant mobiles dans le corps. Alors

$$A = B, \qquad D = E = F = 0.$$

De plus A, B, C sont constants. On a dans ce cas

$$\sigma_x = Ap, \qquad \sigma_y = Aq, \qquad \sigma_z = Cr,$$
$$p' = p, \qquad q' = q, \qquad r' \gtrless r.$$

Les équations du mouvement sont donc d'après (11)

$$(12) \qquad \begin{aligned} A\frac{dp}{dt} + (Cr - Ar')q &= S_x \\ A\frac{dq}{dt} - (Cr - Ar')p &= S_y \\ C\frac{dr}{dt} \qquad\qquad\qquad &= S_z. \end{aligned}$$

7. **Mouvement d'un corps solide libre.** — Soit un corps solide libre sollicité par des forces $F_1, F_2..., F_n$. Rapportons le mouvement du corps à un trièdre de référence $Oxyz$ animé d'un mouvement connu. Nous appellerons alors comme au N° 2 V' la vitesse de O et ω' la rotation instantanée du trièdre.

Soit G le centre de gravité du corps, ξ, η, ζ ses coordonnées par rapport à $Oxyz$, V sa vitesse absolue de projections u, v, w sur $Oxyz$. On a :

$$u = \frac{d\xi}{dt} + u' + q'\zeta - r'\eta,$$

$$v = \frac{d\eta}{dt} + v' + r'\xi - p'\zeta$$

$$w = \frac{d\zeta}{dt} + w' + p'\eta - q'\xi.$$

Soient de même J l'accélération absolue du centre de gravité G, J_x, J_y, J_z, ses projections sur $Oxyz$. On a d'après (5) :

$$J_x = \frac{du}{dt} + q'w - r'v, \ldots$$

Mouvement du centre de gravité. — Les forces appliquées ont une résultante générale ayant pour projections X, Y, Z sur les axes $Oxyz$. D'après le théorème du mouvement du centre de gravité, cette résultante est égale à MJ, M désignant la masse totale du corps. On a donc les équations $MJ_x = X,...,$ ou

$$(13) \quad \begin{aligned} M\left(\frac{du}{dt} + q'w - r'v\right) &= X \\ M\left(\frac{dv}{dt} + r'u - p'w\right) &= Y \\ M\left(\frac{dw}{dt} + p'v - q'u\right) &= Z. \end{aligned}$$

Dans le cas particulier où O coïncide avec G, on a

$$\xi = \eta = \zeta = 0, \qquad u = u', \qquad v = v', \qquad w = w'.$$

Mouvement autour du centre de gravité. — Menons par G des axes $Gx_1y_1z_1$ parallèles aux axes $Oxyz$. La rotation instantanée du nouveau trièdre est évidemment la même que celle du premier et ses projections sont encore p', q', r'. Le théorème des moments, s'applique au mouvement autour du centre de gravité G comme si ce point était fixe. Nous pouvons donc lui appliquer les équations du n° précédent. Soient p, q, r les composantes de la rotation instantanée ω du corps ; $G\sigma'$ le moment résultant par rapport à G des quantités de mouvement du corps dans son mouvement autour de G ; appelons σ'_x, σ'_y, σ'_z, les projections du vecteur $G\sigma'$ sur les axes $Gx_1y_1z_1$ ou les axes parallèles $Oxyz$; soient de même GS' le moment résultant des forces extérieures par rapport à G et S'_x, S'_y, S'_z les projections du vecteur GS' sur les axes ; soient enfin A_1, B_1, C_1, D_1, E_1, F_1 les moments et produits d'inertie du corps par rapport aux axes $Gx_1y_1z_1$

$$A_1 = \Sigma m\,(y_1^2 + z_1^2), \ldots$$

nous aurons

$$(14) \qquad \begin{aligned} \sigma'_x &= A_1p - F_1q - E_1r \\ \sigma'_y &= B_1q - D_1r - F_1p \\ \sigma'_z &= C_1r - E_1p - D_1q \end{aligned}$$

$$(15) \qquad \begin{aligned} \frac{d\sigma'_x}{dt} + q'\sigma'_z - r'\sigma'_y &= S'_x \\ \frac{d\sigma'_y}{dt} + r'\sigma'_x - p'\sigma'_z &= S'_y \\ \frac{d\sigma'_z}{dt} + p'\sigma'_y - q'\sigma'_x &= S'_z. \end{aligned}$$

Les équations (13) et (15) sont les six équations du mouvement du corps.

Force vive relative. — La force vive $2T_1$ dans le mouvement relatif autour de G est donnée par

$$2T_1 = A_1p^2 + B_1q^2 + C_1r^2 - 2D_1qr - 2E_1rp - 2F_1pq.$$

Dans ces formules, les quantités A_1, B_1,... sont en général variables avec t. Elles restent constantes quand le trièdre

$Gx_1y_1z_1$ est invariablement lié au corps. Elles peuvent rester constantes dans d'autres cas, par exemple si l'ellipsoïde d'inertie relatif à G est une sphère : alors D_1, E_1, F_1 sont nuls, A_1, B_1 et C_1 sont égaux à une même constante.

En particulier on pourra appliquer aux équations (15) les remarques du n° 6.

CHAPITRE II

ROULEMENTS

8. Roulement et pivotement d'une surface mobile sur une surface fixe. — Imaginons un corps solide mobile terminé par une surface rigide S assujettie à rester en contact avec une surface fixe S_1. A chaque instant t, un certain point A de la surface mobile S se trouve en contact avec un point A_1 de la surface fixe S_1. Si, à l'instant t, la vitesse V_0 du point A de S qui se trouve au contact n'est pas nulle, cette vitesse est située

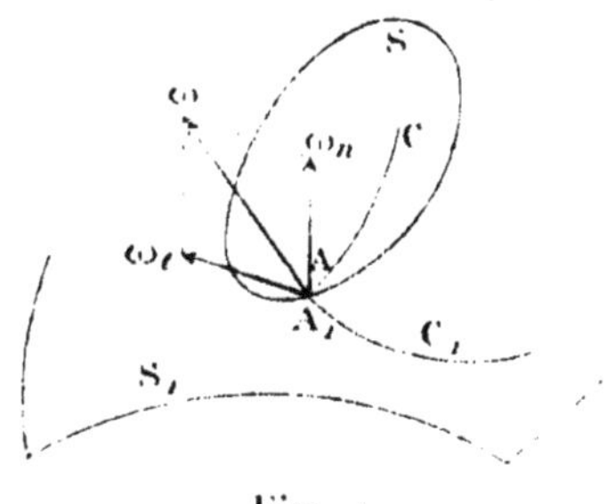

Fig. 1.

dans le plan tangent commun aux deux surfaces au point de contact : en effet, soient B le point de contact à l'instant $t + dt$, A' la nouvelle position de A ; les vecteurs BA_1 et BA' étant dans le plan tangent commun en B aux deux surfaces, il en est de même du vecteur AA' qui est le déplacement absolu de A.

Les vitesses des différents points du corps solide mobile sont les mêmes que si ce corps était animé d'une translation de vitesse V_0 et d'une rotation $A\omega$ autour d'un axe passant par A. La vitesse V_0 est la vitesse de glissement de S sur S_1.

On dit que la surface S *roule* et *pivote* sur S_1 quand, à chaque instant t, *la vitesse du point A qui est au contact est nulle*. Dans ce cas, V_0 étant nulle, les vitesses des points du solide mobile sont à chaque instant les mêmes que si le corps était animé seulement d'une *rotation* $A\omega$ autour d'un axe passant par A. Le glissement de S sur S_1 est alors nul.

Le lieu de $A\omega$ dans le corps S est une surface réglée Σ, dans l'espace absolu, une surface réglée Σ_1; le mouvement s'obtient en faisant rouler Σ sur Σ_1. Le lieu du point A sur S est une courbe C, intersection de Σ avec S; le lieu du point A_1 sur S_1, une courbe C_1 intersection de Σ_1 avec S_1 : ces deux courbes roulent aussi l'une sur l'autre. Les arcs correspondants de ces courbes sont égaux.

La rotation instantanée $A\omega$ peut être décomposée en deux : l'une $A\omega_n$ normale aux deux surfaces, qu'on appelle la *vitesse angulaire de pivotement*, l'autre $A\omega_t$ située dans le plan tangent qui est la *vitesse angulaire de roulement proprement dite.*

Lorsque le mouvement est tel que la vitesse de pivotement ω_n est constamment nulle, le mouvement de S sur S_1 est un *roulement proprement dit.*

Dans ce qui suit nous nous occuperons des mouvements de roulement et de pivotement sans glissement.

Il est à remarquer que si l'on considère une molécule *m* du corps *située sur la normale* en A aux deux surfaces, la vitesse de cette molécule est parallèle au plan tangent commun en A. En effet, cette vitesse est la somme géométrique des vitesses dues aux deux rotations ω_n et ω_t. Comme la molécule *m* est située sur la normale, la vitesse due à ω_n est nulle ; il ne subsiste donc que la vitesse due à ω_t, vitesse qui est parallèle au plan tangent en A.

9. **Conditions physiques déterminant le roulement et le pivotement d'une surface mobile sur une surface fixe.** — Imaginons un corps solide mobile S assujetti à rester en contact avec un corps solide S_1 fixe. Si les surfaces S et S_1 étaient *parfaitement polies*, la réaction de S_1 sur S serait normale aux surfaces S et S_1 au point de contact A ; dans ce cas, aucune force ne s'op-

poserait au *glissement* de S sur S_1 et ce glissement se produirait en général.

Pour que le corps S ne glisse pas sur S_1, c'est-à-dire pour qu'il roule et pivote sur S_1, il faut que les surfaces des deux corps soient rugueuses de telle façon qu'elles frottent l'une sur l'autre.

Appelons f le coefficient de frottement de S sur S_1. La réaction de S sur S_1 se compose d'une composante normale N appliquée en A et d'une composante F située dans le plan tangent commun en A aux deux surfaces : pour que *le glissement ne se produise pas*, il faut et il suffit que l'on ait :

$$F < fN.$$

C'est donc là la condition pour que la surface S roule et pivote sans glisser sur S_1. Si, à un certain moment, F devenait supérieur à fN, le glissement se produirait.

En résumé, pour étudier le roulement et pivotement d'un corps S dépoli sur un autre corps S_1 également dépoli, sous l'action de forces données, on écrira les équations du mouvement du solide S en admettant qu'il roule et pivote sur S_1 et en introduisant, comme inconnues auxiliaires, la réaction normale N et la réaction tangentielle F des surfaces au contact. Le mouvement fourni par ces équations a lieu effectivement tant que les valeurs de F et N tirées des équations vérifient l'inégalité :

$$F < fN.$$

Si au contraire, à un instant t_1, F devient égal puis supérieur à fN, à partir de cet instant le corps S glisse sur S_1 ; le mouvement entre dans une nouvelle phase à laquelle les équations précédentes ne s'appliquent plus. Pour avoir les équations du mouvement dans cette nouvelle phase, il faudrait admettre que le corps S glisse sur S_1 et introduire, comme inconnues auxiliaires, une composante normale N de la réaction et une composante tangentielle égale à fN dirigée en sens contraire de la vitesse du point matériel A du corps S qui est en contact avec S_1 ; cela résulte des lois connues du frottement de glissement.

Nous nous bornerons ici aux mouvements de roulement et de pivotement. Nous négligerons d'ailleurs les frottements de roulement et de pivotement.

10. **Force vive d'un corps solide animé d'un mouvement de roulement et pivotement.** — Prenons comme trièdre de référence un trièdre $Oxyz$ dont l'origine coïncide à chaque instant avec le point géométrique de contact du corps mobile S et du corps fixe S_1. L'origine O se déplace donc à la fois dans le corps et dans l'espace. Quant aux directions des axes $Oxyz$ elles peuvent varier suivant une loi quelconque.

Appelons, comme plus haut, $O\omega$ la rotation instantanée du corps et p, q, r, ses composantes suivant les axes $Oxyz$; soient A, B, C, D, E, F les moments et produits d'inertie du corps par rapport à ces axes. Comme les vitesses des divers points du corps sont les mêmes que si le corps était animé de la seule rotation ω, la demi-force vive T du corps est la même que celle d'un corps solide mobile autour d'un point fixe O et animé d'une rotation instantanée ω. On a donc

$$2T = Ap^2 + Bq^2 + Cr^2 - 2Dqr - 2Erp - 2Fpq ;$$

dans cette expression, A, B, C, D, E, F, varient avec le temps.

Théorème des forces vives. — Dans le mouvement du corps le travail des réactions tangentielles et normales F et N est *nul*, car ces forces sont appliquées à chaque instant à un point matériel dont la vitesse est nulle. On a donc, en appliquant le théorème des forces vives

$$dT = \Sigma \mathcal{T}_e$$

$\Sigma \mathcal{T}_e$ désignant la somme des travaux élémentaires des forces appliquées.

11. **Équations du mouvement du corps.** — On écrira les équations du mouvement en appliquant les formules (13) et (15) avec cette simplification que, si l'on prend comme trièdre de référence le trièdre du numéro précédent, la vitesse du point matériel placé en O est nulle. Mais la vitesse de l'origine O est différente de zéro.

CHAPITRE III

APPLICATIONS

12. Les applications qui suivent sont empruntées à l'ouvrage de Routh : *Advanced part of a Treatise on the Dynamics of a system of Rigid Bodies* (London Macmillan and Co, 1884).

13. **Roulement d'une sphère sur une surface** (Routh, p. 123). Soit une sphère homogène de rayon a et de masse 1, assujettie à rouler et pivoter sur une surface donnée et sollicitée par des forces qui admettent une résultante unique passant par le centre.

Soit G le centre de la sphère. Prenons pour axe Gz la droite joignant le point de contact de la sphère avec la surface au point G et pour axes Gx et Gy deux axes perpendiculaires quelconques : le plan xGy est alors parallèle au plan tangent à la surface au point de contact.

Appelons V la vitesse absolue du point G et u, v, w ses projections sur les axes mobiles : la vitesse V étant parallèle au plan tangent commun à la sphère et à la surface sur laquelle elle roule, on a $w = 0$. Soient, comme plus haut, ω' la rotation instantanée du trièdre $Gxyz$ et p', q', r' ses composantes, ω celle de la sphère et p, q, r ses composantes.

Soient X, Y, Z les composantes, de la résultante des forces appliquées, suivant Gx, Gy, Gz ; la réaction de la surface se compose d'une force normale R dirigée dans le sens Gz et d'une force tangentielle dont nous appellerons F et F' les composantes suivant Gx et Gy. Désignons aussi par k le rayon de gyration de la sphère autour d'un diamètre $k = \frac{a\sqrt{10}}{5}$;

les moments d'inertie par rapport aux axes Gx, Gy, Gz sont

$$A = B = C = k^2;$$

en outre D, E, F sont nuls. Appliquons les équations générales à ce cas.

Mouvement du centre de gravité. — Puisque G coïncide avec l'origine des axes, on a $u' = u$, $v' = v$, $w' = w$. Les équations (13) donnent alors en y faisant $M = 1$, $w = 0$:

$$(16)\quad \begin{aligned} \frac{du}{dt} - r'v &= X + F \\ \frac{dv}{dt} + r'u &= Y + F' \\ p'v - q'u &= Z + R. \end{aligned}$$

Mouvement autour de G. — Dans le mouvement autour de G, le moment résultant $G\sigma'$ des quantités de mouvement relatives, a pour projections

$$\sigma'_x = k^2 p, \qquad \sigma'_y = k^2 q, \qquad \sigma'_z = k^2 r.$$

Les formules (15) donnent donc, en divisant par k^2, et remarquant que la force X, Y, Z étant appliquée au point G, les termes S'_x, S'_y, S'_z proviennent des moments de la réaction R, F, F' appliquée au point $x = 0$, $y = 0$, $z = -a$:

$$(17)\quad \begin{aligned} \frac{dp}{dt} + q'r - r'q &= \frac{aF'}{k^2} \\ \frac{dq}{dt} + r'p - p'r &= -\frac{aF}{k^2} \\ \frac{dr}{dt} + p'q - q'p &= 0. \end{aligned}$$

Conditions de roulement. — Le point au contact $x = 0$, $y = 0$, $z = -a$, a une vitesse absolue *nulle*.

$$(18)\qquad u - aq = 0, \qquad v + ap = 0.$$

Conséquences de ces équations. — Tirons p et q des équations

(18) pour les porter dans (17), puis éliminons F et F' entre les équations (16) et (17), nous avons

$$(19)\qquad \begin{aligned} \frac{du}{dt} - r'v &= \frac{a^2}{a^2+k^2} X + \frac{k^2}{a^2+k^2} ap'r \\ \frac{dv}{dt} + r'u &= \frac{a^2}{a^2+k^2} Y + \frac{k^2}{a^2+k^2} aq'r. \end{aligned}$$

Ces équations montrent que le centre de gravité se meut comme le centre de gravité d'une sphère identique assujettie à glisser sans frottement sur la même surface et sollicitée : 1° par une force appliquée en G et ayant pour composantes, suivant Gx et Gy, $\frac{k^2}{a^2+k^2} ap'r$ et $\frac{k^2}{a^2+k^2} aq'r$; 2° par une force égale à la force réellement appliquée (X, Y, Z) réduite dans le rapport $\frac{a^2}{a^2+k^2}$.

Relations géométriques. — Le centre G de la sphère décrit une surface S_1 parallèle à S obtenue en prolongeant les normales à S d'une longueur a. Supposons que les axes Gx, Gy soient pris tangents aux lignes de courbure de cette surface S_1. Soient en outre ρ_1 et ρ_2 les rayons de courbure principaux de S_1 correspondant aux directions principales Gx et Gy. Nous allons calculer p', q', r'. Pour amener le trièdre de référence de la position actuelle à une position infiniment voisine, on peut d'abord le faire tourner autour d'une parallèle à Gy menée par le centre de courbure C_1 de la section normale tangente à Gx, puis autour d'une parallèle à Gx menée par le centre de courbure G_2 de la section normale tangente à Gy, enfin autour de Gz. Dans la première rotation l'arc décrit par G est udt, il est aussi $\rho_1 q'dt$; de même $vdt = -\rho_2 p'dt$. Donc

$$(20)\qquad u = \rho_1 q'. \qquad v = -\rho_2 p'.$$

Enfin G et G' étant les positions de G aux instants t et $t+dt$, $r'dt$ est l'angle des deux positions sucessives de Gx. Appelons χ_1 et χ_2 les angles que font les normales principales aux deux lignes de courbure avec la normale à la surface : d'après le théorème de Meusnier les courbures des lignes de courbure sont $\dfrac{1}{\rho_1 \cos\chi_1}$ et $\dfrac{1}{\rho_2 \cos\chi_2}$, et leurs courbures géodésiques sont

$$\frac{1}{\rho_1} \operatorname{tang} \chi_1 \qquad \text{et} \qquad \frac{1}{\rho_2} \operatorname{tang} \chi_2.$$

Pour amener G en G' amenons-le d'abord de G en H le long d'une des lignes de courbure, puis de H en G le long de l'autre. Dans le premier déplacement Gx tourne de l'angle $\dfrac{udt}{\rho_1} \operatorname{tang}\chi_1$ et dans le deuxième de $\dfrac{vdt}{\rho_2} \operatorname{tang}\chi_2$; on a donc

$$(20\ bis) \qquad r' = \frac{u}{\rho_1} \operatorname{tang} \chi_1 + \frac{v}{\rho_2} \operatorname{tang} \chi_2.$$

Tirant des équations (18) p et q, des équations (20) p' et q' et portant dans la troisième des relations (17), on a

$$(21) \qquad a \frac{dr}{dt} = uv \left(\frac{1}{\rho_2} - \frac{1}{\rho_1} \right).$$

Ce sont là les équations du problème.

On peut en écrire une intégrale, en appliquant le théorème des forces vives.

Les moments d'inertie relatifs à trois axes parallèles à $Gxyz$ menés par le point de contact de la sphère avec la surface sont $(a^2 + k^2)$, $(a^2 + k^2)$ et k^2. Comme les vitesses sont les mêmes que si la sphère tournait autour de ce point, la force vive est

$$(a^2 + k^2)(p^2 + q^2) + k^2 r^2.$$

Si donc on appelle Φ la fonction des forces (X, Y, Z) on a

$$(a^2 + k^2)(p^2 + q^2) + k^2 r^2 = 2\Phi + h.$$

h étant une constante arbitraire.

Remarque. — Les relations géométriques (20) et (20 *bis*) sont des cas très particuliers des formules de Codazzi et de Bonnet, telles qu'on les trouvera dans les *Leçons sur la théorie générale des surfaces*, par M. Darboux, deuxième partie, livre V, chap. II et III. Nous renverrons à cet ouvrage pour la démonstration rigoureuse des formules ci-dessus.

14. **Exemples.** — Si la surface fixe sur laquelle roule la sphère est un plan, ρ_1 et ρ_2 sont infinis, p' et q' nuls. *Si donc une sphère homogène roule et pivote sur un plan fixe sous l'action de forces admettant une résultante unique qui passe par son centre, le mouvement du centre est le même que si le plan était parfaitement poli et les forces appliquées réduites aux $\frac{5}{7}$ de leurs valeurs* (Routh, *loc. cit.*, p. 126).

Pour d'autres exemples, nous renverrons au Traité de Routh qui contient un grand nombre d'élégants exercices, notamment le roulement d'une sphère sur une sphère, sur un cylindre, sur un cône, les petites oscillations autour d'une position d'équilibre stable ou d'un mouvement stable.

15. **Équations du mouvement d'un solide pesant assujetti à rouler et pivoter sur un plan horizontal** (Routh, *loc. cit.*, p. 143).

Prenons comme trièdre de référence les axes principaux d'inertie relatifs au centre de gravité $Gxyz$. Soit $\varphi(x, y, z) = 0$ l'équation, par rapport à ces axes, de la surface qui termine le corps. Appelons x, y, z les coordonnées du point P de contact de la surface avec le plan horizontal et α, β, γ les cosinus directeurs de la normale à la surface en P

$$(N) \qquad \frac{\alpha}{\frac{\partial\varphi}{\partial x}} = \frac{\beta}{\frac{\partial\varphi}{\partial y}} = \frac{\gamma}{\frac{\partial\varphi}{\partial z}} = \pm \frac{1}{\sqrt{\left(\frac{\partial\varphi}{\partial x}\right)^2 + \left(\frac{\partial\varphi}{\partial y}\right)^2 + \left(\frac{\partial\varphi}{\partial z}\right)^2}}$$

le signe étant choisi de telle façon que le sens α, β, γ soit la normale dirigée suivant la verticale descendante. Supposons la masse du corps égale à 1 et appelons X, Y, Z les composantes suivant Gx, Gy, Gz de la réaction totale du plan (réaction normale et tangentielle) appliquée au point P ; remarquons enfin que les projections du poids sur les axes $Gxyz$ sont $g\alpha, g\beta, g\gamma$.

Mouvement du centre de gravité. — Appelons u, v, w les projections de la vitesse du centre de gravité sur les axes mobiles $Gxyz$ et p, q, r les composantes de la rotation instantanée du corps suivant les mêmes axes, nous avons (d'après 13) et en remarquant que les quantités appelées dans le cas général u', v', w', p', q', r' sont actuellement égales à u, v, w, p, q, r :

$$
(22)\qquad
\begin{aligned}
\frac{du}{dt} + qw - rv &= g\alpha + X \\
\frac{dv}{dt} + ru - pw &= g\beta + Y \\
\frac{dw}{dt} + pv - qu &= g\gamma + Z.
\end{aligned}
$$

Mouvement autour du centre de gravité. — Les équations sont ici les équations d'Euler

$$
(23)\qquad
\begin{aligned}
A\frac{dp}{dt} + (C - B)\,qr &= yZ - zY \\
B\frac{dq}{dt} + (A - C)\,rp &= zX - xZ \\
C\frac{dr}{dt} + (B - A)\,pq &= xY - yX.
\end{aligned}
$$

Conditions géométriques. — D'abord la ligne (α, β, γ) reste verticale (n° 3)

$$
(24)\qquad
\begin{aligned}
\frac{d\alpha}{dt} + q\gamma - r\beta &= 0 \\
\frac{d\beta}{dt} + r\alpha - p\gamma &= 0 \\
\frac{d\gamma}{dt} + p\beta - q\alpha &= 0.
\end{aligned}
$$

Puis, pour exprimer le roulement, il faut écrire que la vitesse absolue du point (x, y, z) au contact est *nulle*

$$
(25)\qquad
\begin{aligned}
u + qz - ry &= 0 \\
v + rx - pz &= 0 \\
w + py - qx &= 0.
\end{aligned}
$$

On a ainsi douze équations à douze inconnues $u, v, w, p, q, r, x, y, z, X, Y, Z$. Les quantités α, β, γ sont connues en fonctions de x, y, z par les équations (N).

L'intégrale des forces vives est actuellement

$$u^2 + v^2 + w^2 + Ap^2 + Bq^2 + Cr^2 = 2g(\alpha x + \beta y + \gamma z) + h$$

car la hauteur du centre de gravité est la projection de GP sur la verticale.

C'est ce qu'il est aisé de vérifier en s'appuyant sur la relation

$$\alpha dx + \beta dy + \gamma dz = 0$$

qui résulte des équations (X).

16. **Roulement et pivotement d'un corps pesant de révolution sur un plan horizontal.** — Ce problème est également traité dans Routh. Nous en donnerons une solution déduite des équations générales qui précèdent, et nous la comparerons à celle de Routh.

Imaginons un corps solide pesant assujetti aux conditions suivantes : 1° l'ellipsoïde d'inertie relatif au centre de gravité G est de révolution autour d'un axe Gz ; 2° le corps touche un plan horizontal fixe par une surface de révolution autour du même axe. Ces conditions sont remplies en particulier pour un solide homogène pesant de révolution.

Représentons (fig. 2) la méridienne de la surface de révo-

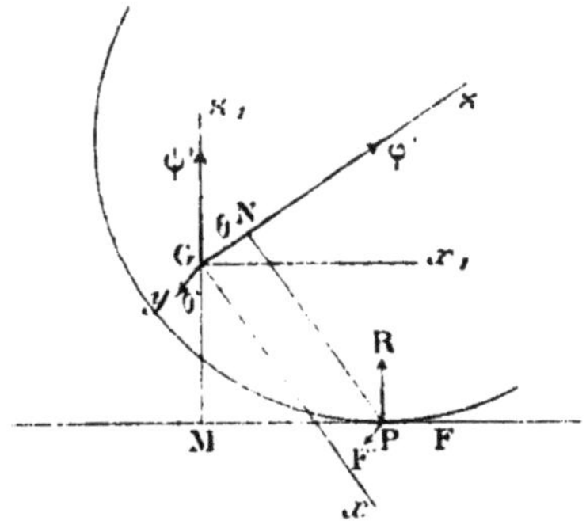

Fig. 2.

lution par laquelle le corps doit toucher le plan fixe. Le plan tangent en un point P de cette méridienne est perpendiculaire au plan méridien zGP sur lequel il a pour trace PM. Soit ζ

la distance GM du centre de gravité au plan tangent et θ l'angle de cette perpendiculaire GM avec Gz : ζ est une fonction de θ

$$\zeta = f(\theta)$$

qui est déterminée dès que la méridienne est donnée. Inversement, on peut se donner à priori la fonction $f(\theta)$: la surface correspondante a pour méridienne une courbe enveloppe des droites PM vérifiant cette condition. Il est évident en outre que, la méridienne étant déterminée, la distance PM est aussi une fonction connue de θ. Pour déterminer cette fonction, remarquons que, par rapport aux axes Gx et Gz situés dans le plan de la méridienne, la tangente P M a pour équation

$$x \sin \theta - z \cos \theta = f(\theta).$$

La méridienne étant l'enveloppe de cette droite quand θ varie, on obtient les coordonnées du point de contact P, en associant à l'équation précédente sa dérivée par rapport à θ

$$x \cos \theta + z \sin \theta = f'(\theta).$$

Cette dernière équation représente une droite passant par P c'est la normale PR; sa distance au point G est égale à MP. On a donc

$$\text{MP} = \pm f'(\theta).$$

En outre, en résolvant les deux équations ci-dessus par rapport à x et z, on a les coordonnées de P.

$$\text{(P)} \qquad \begin{aligned} \text{PN} &= x = f'(\theta) \cos \theta + f(\theta) \sin \theta \\ \text{GN} &= z = f'(\theta) \sin \theta - f(\theta) \cos \theta. \end{aligned}$$

Ceci posé, plaçons le solide sur un plan horizontal fixe sur lequel il est assujetti à rouler et pivoter. Soient P le point de contact, GM la distance du centre de gravité au plan : la verticale MGz_1, fait avec Gz un angle θ et on a, d'après ce qui précède,

$$\text{GM} = \zeta = f(\theta).$$

Prenons comme trièdre de référence le trièdre formé par l'axe de révolution Gz, par l'axe Gx, perpendiculaire à Gz dans le plan méridien PGz du point de contact, enfin par l'axe Gy perpendiculaire aux précédents. Le plan zGx est vertical; l'axe Gy horizontal. Nous appellerons ψ l'angle de Gy avec une direction fixe du plan horizontal. Dans ces conditions la rotation instantanée ω' du trièdre mobile $Gxyz$ est la résultante de deux rotations, l'une $\frac{d\theta}{dt} = \theta'$ autour de Gy, l'autre $\frac{d\psi}{dt} = \psi'$ autour de Gz_1. Les composantes p', q', r' de cette rotation suivant Gx, Gy, Gz sont donc

$$(\omega') \qquad \begin{aligned} p' &= -\psi' \sin\theta \\ q' &= \theta' \\ r' &= \psi' \cos\theta. \end{aligned}$$

Pour fixer l'orientation du solide autour du point G, il faut connaître la position du solide par rapport aux axes $Gxyz$; pour cela il suffit de connaître l'angle φ que fait une droite liée au corps dans le plan xGy avec la droite Gy. La dérivée, $\frac{d\varphi}{dt} = \varphi'$, de cet angle mesure la rotation propre du corps autour de Gz.

La rotation instantanée ω du corps est la résultante de la rotation ω' du trièdre $Gxyz$ et de la rotation propre φ' autour de Gz. On a donc pour les projections p, q, r de ω, les sommes des projections de ω' et φ',

$$(\omega) \qquad \begin{aligned} p &= p' = -\psi' \sin\theta \\ q &= q' = \theta' \\ r &= r' + \varphi' = \psi' \cos\theta + \varphi'. \end{aligned}$$

Équations du mouvement du centre de gravité. — Soient u, v, w, les projections sur $Gxyz$ de la vitesse du point G; A, B, C, les moments d'inertie par rapport à Gx, Gy, Gz; $(A = B)$. Les forces appliquées sont, en prenant la masse du corps pour unité, le poids g ayant pour projections sur les axes $Gxyz$

$$+ g \sin\theta, \qquad 0, \qquad - g \cos\theta,$$

et la réaction totale du plan appliquée au point P (réaction normale R et réaction tangentielle) ayant pour projections

$$X, \qquad Y, \qquad Z.$$

On a alors les équations (13).

$$(26) \qquad \begin{aligned} &\frac{du}{dt} + qw - r'v = g \sin \theta + X \\ &\frac{dv}{dt} + r'u - pw = Y \\ &\frac{dw}{dt} + pv - qu = -g \cos \theta + Z. \end{aligned}$$

Dans les équations générales du n° 7 nous avons remplacé q' par q et p' par p d'après les équations précédentes qui donnent ω.

Mouvement autour de G. — Nous pouvons appliquer ici les équations (12) du n° 6, puisque le corps est de révolution autour de Gz. Nous avons donc, en remarquant que les coordonnées de P sont x, o, z :

$$(27) \qquad \begin{aligned} &A \frac{dp}{dt} + (Cr - Ar') q = -zY \\ &B \frac{dq}{dt} - (Cr - Ar') p = zX - xZ \\ &C \frac{dr}{dt} \qquad\qquad\qquad = xY. \end{aligned}$$

Condition géométrique. — La vitesse absolue de la molécule au contact P est *nulle*.

$$(28) \qquad \begin{aligned} u + qz &= 0 \\ v + rx - pz &= 0 \\ w - qx &= 0. \end{aligned}$$

Éliminant entre les équations (26), (27) et (28), les inconnues auxiliaires X, Y, Z, u, v, w, on a trois équations du deuxième ordre définissant θ, φ, ψ.

Autre forme des équations. — Pour la comparaison de ces équations avec celles de Routh, prenons trois axes mobiles de la façon suivante : un axe Gz_1 vertical ascendant, un axe Gx_1 horizontal dans le plan zGz_1, enfin un axe perpendiculaire Gy coïncidant avec l'axe déjà employé. Ce système d'axes est animé d'une rotation instantanée ω'_1 qui s'effectue évidemment autour de Gz_1 avec la vitesse angulaire

$$\frac{d\psi}{dt} = \psi' ;$$

On a donc, pour les composantes de cette rotation suivant $Gx_1 y_1 z_1$

$$p'_1 = 0, \qquad q'_1 = 0, \qquad r'_1 = \psi'.$$

Quant à la rotation instantanée ω du corps, elle a pour composantes suivant ces axes

$$(\omega) \qquad \begin{aligned} p_1 &= p \cos\theta + r \sin\theta = \varphi' \sin\theta \\ q_1 &= q = \theta' \\ r_1 &= -p \sin\theta + r \cos\theta = \varphi' \cos\theta + \psi'. \end{aligned}$$

Appelons u_1, v_1, w_1 les projections de la vitesse du point G sur ces nouveaux axes, on a

$$\begin{aligned} u_1 &= u \cos\theta + w \sin\theta \\ v_1 &= v \\ w_1 &= -u \sin\theta + w \cos\theta. \end{aligned}$$

Appelons enfin F, F′, R les composantes de la réaction du plan suivant ces axes ; R est la composante normale de cette réaction et la résultante de F, F′ la composante tangentielle ;

$$\begin{aligned} F &= X \cos\theta + Z \sin\theta \\ F' &= Y \\ R &= -X \sin\theta + Z \cos\theta. \end{aligned}$$

Les équations du mouvement du centre de gravité sont alors

$$\frac{du_1}{dt} + q'_1 w_1 - r'_1 v_1 = \mathrm{F}$$

$$\frac{dv_1}{dt} + r'_1 u_1 - p'_1 w_1 = \mathrm{F}'$$

$$\frac{dw_1}{dt} + p' v_1 - q'_1 u_1 = \mathrm{R} - g;$$

c'est-à-dire, d'après les valeurs de p'_1, q'_1, r'_1

(29)
$$\frac{du_1}{dt} - v_1\psi' = \mathrm{F}$$

$$\frac{dv_1}{dt} + u_1\psi' = \mathrm{F}'$$

$$\frac{d^2\zeta}{dt^2} = \mathrm{R} - g$$

où la dernière équation résulte de ce que ζ étant la hauteur du point G, on a $w_1 = \frac{d\zeta}{dt}$.

Quant aux équations du mouvement autour de G, Routh les écrit sous la forme (27) en mettant les deuxièmes membres sous la forme suivante. Les coordonnées du point de contact P par rapport aux axes Gx, Gz ont été appelées x et z, ses coordonnées par rapport aux axes Gx_1, Gz_1 sont alors

$$x_1 = x \cos\theta + z \sin\theta = f'(\theta)$$
$$z_1 = - x \sin\theta + z \cos\theta = - f(\theta) = - \zeta.$$

Les seconds membres des équations (27) sont donc

$$- z\mathrm{Y} = - \mathrm{F}'.\mathrm{GN} = - \mathrm{F}'[f''(\theta) \sin\theta - f(\theta) \cos\theta]$$
$$z\mathrm{X} - x\mathrm{Z} = z_1\mathrm{F} - x_1\mathrm{R} = - \mathrm{F}.\mathrm{GM} - \mathrm{R}.\mathrm{MP}$$
$$= - \mathrm{F}f(\theta) - \mathrm{R}f'(\theta)$$
$$x\mathrm{Y} = \mathrm{F}'.\mathrm{PN} = \mathrm{F}'[f''(\theta) \cos\theta + f(\theta) \sin\theta].$$

Enfin les conditions géométriques (28) peuvent êtres remplacées par les suivantes. Le point P (x_1, o, z_1) ayant une vitesse nulle, on a, en projetant sur les axes $Gx_1\,y_1\,z_1$

$$u_1 + q_1 z_1 - r_1 y_1 = 0$$
$$v_1 + r_1 x_1 - p_1 z_1 = 0$$
$$w_1 + p_1 y_1 - q_1 x_1 = 0$$

c'est-à-dire, d'après les valeurs de p_1, q_1, r_1

$$(28\ bis)\qquad \begin{aligned} u_1 &= -q z_1 = q\mathrm{GM} = q f(\theta) = \theta' f(\theta) \\ v_1 &= -r_1 \mathrm{MP} - p_1 \mathrm{GM} = -r\mathrm{PN} + p\mathrm{GN} \\ &= -r_1 f''(\theta) - p_1 f(\theta) \\ w_1 &= q_1 x_1 = f'(\theta)\,\theta'. \end{aligned}$$

Cette dernière équation est évidente *a priori*, car la hauteur ζ du centre de gravité étant

$$\zeta = \mathrm{GM} = f(\theta)$$

la projection w_1 de sa vitesse sur la verticale est

$$w_1 = \frac{d\zeta}{dt} = f'(\theta)\,\theta'.$$

Intégrale des forces vives. — Les équations différentielles du mouvement admettent l'intégrale première suivante fournie par le théorème des forces vives

$$u^2 + v^2 + w^2 + \mathrm{A}(p^2 + q^2) + \mathrm{C}r^2 = -2g\zeta + h,$$

équation dans laquelle $u^2 + v^2 + w^2$ est identique à $u_1^2 + v_1^2 + w_1^2$.

17. **Applications.** — Routh étudie le cas où le solide roule de telle façon que son axe fasse un angle constant avec la verticale, puis il étudie les petites oscillations autour de ce mouvement (p. 141). Il étudie en particulier les cas où le solide est un disque ou un cerceau (p. 142) de rayon a. Dans ce cas, on a

$$\zeta = a \sin\theta, \qquad f(\theta) = a \sin\theta$$

La place nous manque pour traiter ces diverses questions.

18. **Recherches de M. Carvallo sur le cerceau** — Le mouvement du cerceau a été récemment étudié à nouveau par M. Carvallo dans un mémoire présenté pour le concours du prix Fourneyron et couronné dans la séance publique de l'Académie des Sciences de Paris (décembre 1898).

Si nous conservons les axes $Gxyz$ employés dans le cas général précédent, nous voyons que Gz est la perpendiculaire au plan du cerceau ; Gx, la droite joignant le centre au point P de contact, Gy l'horizontale du plan du cerceau. Les coordonnées du point P par rapport aux axes $Gxyz$ sont alors, en appelant a le rayon du cerceau

$$(\mathrm{P}) \qquad x = a, \qquad y = 0, \qquad z = 0.$$

La fonction $f(\theta)$ est $a \sin \theta$.

Si nous supposons le cerceau réduit à une circonférence matérielle de rayon a, on a (la masse du cerceau étant 1)

$$A = B = \frac{1}{2} a^2, \qquad C = a^2,$$

Les expressions (28) de u, v, w deviennent

$$\begin{aligned} u &= 0 \\ v + ar &= 0 \\ w - aq &= 0. \end{aligned}$$

Les équations (26) du mouvement du centre de gravité deviennent alors

$$\begin{aligned} a\,(q^2 + rr') &= g \sin \theta + X \\ -a \frac{dr}{dt} - apq &= \qquad Y \\ a \frac{dq}{dt} - apr &= - g \cos \theta + Z. \end{aligned}$$

Enfin les équations (27) du mouvement autour de G deviennent

$$\begin{aligned} \frac{1}{2} a^2 \frac{dp}{dt} + a^2\left(r - \frac{1}{2} r'\right) q &= 0 \\ \frac{1}{2} a^2 \frac{dq}{dt} - a^2\left(r - \frac{1}{2} r'\right) p &= - aZ \\ a^2 \frac{dr}{dt} \qquad &= aY. \end{aligned}$$

Éliminons X, Y et Z entre ces équations, nous avons les trois équations du mouvement

$$(30)\qquad \begin{aligned} &\frac{1}{2}\frac{dp}{dt} + \left(r - \frac{1}{2}r'\right)q = 0 \\ &\frac{3}{2}\frac{dq}{dt} - \left(2r - \frac{1}{2}r'\right)p = -\frac{g}{a}\cos\theta \\ &2\frac{dr}{dt} + pq \qquad\qquad = 0. \end{aligned}$$

En remarquant que

$$r' = -p \operatorname{cotg}\theta$$

d'après les formules déterminant p, q, r et p', q', r', on obtient les équations (30) sous la forme donnée par M. Carvallo.

Nous renverrons à son mémoire pour les conclusions qu'il a tirées de ces équations, relativement aux questions suivantes :

Conditions d'équilibre d'un régime du cerceau ;
Stabilité d'un régime d'équilibre ;
Tendance au dérapage ;
Discussion des états d'équilibre.

Nous nous bornerons à faire la remarque suivante relative à l'intégration du système (30).

En se rappelant que $q = \theta'$ on peut écrire ces équations

$$(31)\qquad \begin{aligned} &\frac{dp}{dt} + (2r + p\operatorname{cotg}\theta)\frac{d\theta}{dt} = 0 \\ &3\frac{d^2\theta}{dt^2} - (4r + p\operatorname{cotg}\theta)p = -\frac{2g}{a}\cos\theta \\ &2\frac{dr}{dt} + p\frac{d\theta}{dt} \qquad\qquad = 0, \end{aligned}$$

et on voit qu'il s'agit d'intégrer un système de trois équations définissant p, r et θ en fonction de t. La première et la dernière sont du premier ordre en p et r et permettent de trouver p et r en fonction de θ.

On connaît, par le théorème des forces vives, une intégrale de ces équations

$$p^2 + 4r^2 + 3\theta'^2 = -\frac{4g}{a}\sin\theta + h.$$

L'élimination de p entre la première et la dernière des équations (3), donne, pour déterminer r en fonction de θ, l'équation linéaire

$$\frac{d^2r}{d\theta^2} + \frac{dr}{d\theta}\cot g\,\theta - r = 0$$

qui se ramène à celle de la série hypergéométrique de Gauss en prenant $\cos^2\theta$ comme variable ; cette équation donne r en θ, on a ensuite $p = -2\dfrac{dr}{d\theta}$; enfin l'intégrale des forces vives donne t en fonction de θ par une quadrature.

Cette méthode d'intégration peut être étendue au roulement d'un corps de révolution (¹).

19. **Problème de la bicyclette.** — Une application des plus importantes des mouvements de roulement est le problème de la bicyclette. La place nous manque pour traiter ce problème ; nous renverrons aux volumes publiés par M. Bourlet à la librairie Gauthier-Villars (*Equilibre et direction*, *Travail*), au mémoire de M. Bourlet couronné par l'Académie en décembre 1898 (Prix Fourneyron), mémoire qui a été publié dans le *Bulletin de la Société Mathématique de France* en 1899 ; au Mémoire déjà cité de M. Carvallo également couronné par l'Académie, dans lequel se trouve une théorie du monocycle ; à un ouvrage anglais de Sharp intitulé *Bicycles and tricycles* ; enfin à plusieurs notes de M. Boussinesq publiées dans les Comptes rendus (2ᵉ semestre 1898 et 1ᵉʳ semestre 1899) et dans le Journal de mathématiques de M. Jordan, 1898.

(¹) Voyez un article qui doit paraître dans les *Rendi Conti del Circolo Matematico di Palermo* suivi d'une lettre de M. Korteweg (1900).

CHAPITRE IV

MÉCANIQUE ANALYTIQUE. ÉQUATIONS DE LAGRANGE

20. **Le roulement est une liaison qui ne peut pas s'exprimer en général par des équations en termes finis.** — La position d'un corps solide entièrement libre dépend de six paramètres qui sont, par exemple, les trois coordonnées du centre de gravité et les trois angles d'Euler. Pour exprimer que le corps roule et pivote sur une surface fixe, il faut écrire que la vitesse de la molécule au contact est nulle. Or, en appelant q_1, q_2, q_3, q_4, q_5, q_6, les six paramètres, cette condition s'exprime par des relations de la forme

$$(33) \qquad A_1 dq_1 + A_2 dq_2 + \dots + A_6 dq_6 = 0$$

dont les coefficients sont fonctions de q, q_1, $q_2 \dots q_6$, mais *dont le premier membre n'est pas en général une différentielle exacte, et n'admet pas de facteur intégrant.*

La liaison imposée au corps ne peut donc pas s'exprimer par des relations *en termes finis* entre les paramètres. De là résultent pour l'application des théorèmes de la mécanique analytique, des difficultés particulières, dont la plus saillante est que les équations de Lagrange ne peuvent pas être appliquées quand on tient compte de ces liaisions exceptionnelles pour modifier l'expression de la force vive T.

Les difficultés résultant à ce point de vue, de ce genre de liaisons, ont été signalées et étudiées par M. C. Neumann (*Grundzüge der Analytischen Mechanik, Berichte der Konigl. Sachs. Gesellschafft der Wissenschaften*, zu Leipzig, 1888, p. 32); par M. Vierkandt (*Ueber gleitende und rollende Bewegung, Monatsheft für Mathematik und Physik*, t. III, 1892); par

M. Hadamard (*Sur les mouvements de roulement, Société des Sciences de Bordeaux*, 1895) : enfin par M. Carvallo dans son Mémoire déjà cité, à propos des problèmes du cerceau, du monocycle et du bicycle et par M. Korteweg.

Prenons, par exemple, une sphère homogène de rayon a assujettie à rouler sur un plan fixe. Prenons comme axes fixes deux axes $O\xi$, $O\eta$ dans le plan et un axe perpendiculaire $O\zeta$ du côté où se trouve la sphère : soient ξ, η, ζ les coordonnées du centre G de la sphère par rapport à ces axes : ($\zeta = a$). Menons par G trois axes $Gx_1\,y_1\,z_1$ parallèles aux axes $O\xi\,\eta\,\zeta$ et appelons p_1, q_1, r_1, les composantes de la rotation instantanée de la sphère suivant ces axes. En écrivant que le point de la sphère qui est au contact a une vitesse nulle, on a

$$(34)\qquad \frac{d\xi}{dt} - aq_1 = 0, \qquad \frac{d\eta}{dt} + ap_1 = 0, \qquad \frac{d\zeta}{dt} = 0.$$

D'ailleurs ψ, φ, θ étant les angles d'Euler d'un système d'axes $Gxyz$ lié à la sphère par rapport aux axes $Gx_1\,y_1\,z_1$, on a, d'après des formules connues (Voyez mon *Traité de mécanique*, t. II, p. 257)

$$\begin{aligned} p_1 &= \theta' \cos\psi + \varphi' \sin\theta \sin\psi \\ q_1 &= \theta' \sin\psi - \varphi' \sin\theta \cos\psi \\ r_1 &= \psi' + \varphi' \cos\theta. \end{aligned}$$

Les relations (34), exprimant que le déplacement réel est un roulement, s'écrivent alors :

$$(35)\qquad \begin{aligned} d\xi - a\sin\psi\, d\theta + a\sin\theta\cos\psi\, d\varphi &= 0 \\ d\eta + a\cos\psi\, d\theta + a\sin\theta\sin\psi\, d\varphi &= 0. \end{aligned}$$

Le déplacement virtuel compatible avec la liaison est, de même, caractérisé par

$$(36)\qquad \begin{aligned} \delta\xi - a\sin\psi\,\delta\theta + a\sin\theta\cos\psi\,\delta\varphi &= 0 \\ \delta\eta + a\cos\psi\,\delta\theta + a\sin\theta\sin\psi\,\delta\varphi &= 0. \end{aligned}$$

La coordonnée ζ étant constante, la position du système dépend des cinq paramètres ξ, η, θ, φ, ψ liés par les relations (35) *dont les premiers membres ne sont pas des différentielles totales exactes.*

21. **Application de l'équation générale de la dynamique.** — L'équation générale de la dynamique

$$(37) \quad \Sigma\left[\left(X - m\frac{d^2x}{dt^2}\right)\delta x + \left(Y - m\frac{d^2y}{dt^2}\right)\delta y + \left(Z - m\frac{d^2z}{dt^2}\right)\delta z\right] = 0$$

résulte du principe de d'Alembert combiné avec le théorème du travail virtuel. Elle exprime que, pour tout déplacement compatible avec les liaisons, la somme des travaux des forces appliquées (X, Y, Z) et des forces d'inertie est *nulle*. Cette équation s'applique à toutes les liaisons remplissant la condition suivante : *Pour tout déplacement virtuel compatible avec les liaisons, la somme des travaux des forces de liaison est nulle*. C'est ce qui résulte de la démonstration classique du théorème des travaux virtuels, telle qu'elle est reproduite, par exemple, dans le premier volume de mon *Traité de mécanique*. Or, les liaisons qui consistent à obliger un corps à rouler et pivoter sur un autre corps, remplissent cette condition. L'équation générale de la dynamique s'applique donc au genre particulier de problèmes que nous traitons ici.

22. **Emploi des équations de Lagrange.** — Imaginons en général un système assujetti d'abord à des liaisons *exprimables par des relations en termes finis entre les coordonnées des divers points*. Soit, en tenant compte de ces liaisons, k le nombre des paramètres indépendants $q_1, q_2, \ldots q_k$ qui fixent la position du système. On aura, pour les coordonnées d'un point quelconque du système, en supposant les liaisons indépendantes du temps

$$(38) \quad \begin{aligned} x &= f(q_1, q_2, \ldots q_k) \\ y &= \varphi(q_1, q_2, \ldots q_k) \\ z &= \psi(q_1, q_2, \ldots q_k). \end{aligned}$$

On obtient un déplacement virtuel compatible avec ces liaisons en faisant varier $q_1, q_2, \ldots, q_n$ de $\delta q_1, \delta q_2, \ldots \delta q_k$. L'équation de la dynamique (37) prend alors la forme

$$(39) \quad (P_1 - Q_1)\delta q_1 + (P_2 - Q_2)\delta q_2 + \ldots + (P_k - Q_k)\delta q_k = 0$$

où

$$P_\alpha = \frac{d}{dt}\left(\frac{\partial T}{\partial q'_\alpha}\right) - \frac{\partial T}{\partial q_\alpha}.$$

S'il n'y a pas d'autres liaisons, les $\delta q_1, \delta q_2 \ldots \delta q_k$ sont arbitraires et l'équation (39) fournit k équations qui sont les équations de Lagrange.

Mais supposons maintenant qu'on ajoute aux liaisons précédentes de nouvelles liaisons indépendantes du temps, exprimables par des *relations différentielles non intégrables entre les paramètres* $q_1, q_2 \ldots q_k$. Pour un déplacement virtuel compatible avec ces liaisons on aura

$$(40)\qquad \begin{aligned} A_1\delta q_1 + A_2\delta q_2 + \ldots + A_k\,\delta q_k &= 0 \\ B_1\delta q_1 + B_2\delta q_2 + \ldots + B_k\,\delta q_k &= 0 \\ \ldots\ldots\ldots\ldots\ldots\ldots\ldots\ldots \\ L_1\delta q_1 + L_2\delta q_2 + \ldots + L_k\,\delta q_k &= 0, \end{aligned}$$

où les premiers membres *ne sont pas des différentielles exactes et n'admettent pas de combinaisons intégrables.*

Dans ces conditions, l'équation (39) devra avoir lieu pour tous les déplacements $\delta q_1, \alpha\delta q_2 \ldots \delta q_k$ vérifiant ces conditions (40). Les équations du mouvement sont alors, d'après la méthode des multiplicateurs de Lagrange,

$$(41)\qquad \begin{aligned} P_1 &= Q_1 + \lambda_1 A_1 + \lambda_2 B_1 + \ldots + \lambda_p L_1 \\ P_2 &= Q_2 + \lambda_1 A_2 + \lambda_2 B_2 + \ldots + \lambda_p L_2 \\ \ldots\ldots&\ldots\ldots\ldots\ldots\ldots\ldots \\ P_k &= Q_k + \lambda_1 A_k + \lambda_2 B_k + \ldots + \lambda_p L_k, \end{aligned}$$

P_α ayant l'expression ci-dessus. Ces équations jointes aux p équations

$$(42)\qquad \begin{aligned} A_1 dq_1 + A_2 dq_2 + \ldots + A_k\,dq_k &= 0 \\ B_1 dq_1 + B_2 dq_2 + \ldots + B_k\,dq_k &= 0 \\ \ldots\ldots\ldots\ldots\ldots\ldots\ldots\ldots \\ L_1 dq_1 + L_2 dq_2 + \ldots + L_k\,dq_k &= 0 \end{aligned}$$

qui expriment que le déplacement réel est compatible avec les liaisons déterminent $q_1, q_2 \ldots q_k$ et $\lambda_1, \lambda_2 \ldots \lambda_p$.

Cette méthode a été employée par Routh (*loc. cit.*, p. 132) et par Vierkandt (*loc. cit.*, p. 47-50).

23. Impossibilité d'appliquer directement les équations de Lagrange au nombre minimum de paramètres. — Nous venons de voir comment on peut utiliser les équations de Lagrange en tenant compte des relations (40) par la méthode des multiplicateurs.

Mais on pourrait essayer de ramener les paramètres au moindre nombre possible en se servant des relations (40) pour laisser subsister le nombre minimum de paramètres dans l'expression du déplacement virtuel, et des équations (42) pour laisser subsister le nombre minimum de paramètres dans l'expression de la demi-force vive

$$T = \frac{1}{2} \Sigma m (x'^2 + y'^2 + z'^2).$$

Après ces modifications les *équations de Lagrange ne sont plus applicables*. C'est ce que nous allons montrer rapidement, d'après les auteurs cités plus haut.

Un déplacement virtuel compatible avec toutes les liaisons imposées au système est défini pour le point x, y, z par

$$\begin{aligned}
\delta x &= \frac{\partial f}{\partial q_1}\delta q_1 + \frac{\partial f}{\partial q_2}\delta q_2 + \dots + \frac{\partial f}{\partial q_k}\delta q_k \\
\delta y &= \frac{\partial \varphi}{\partial q_1}\delta q_1 + \frac{\partial \varphi}{\partial q_2}\delta q_2 + \dots + \frac{\partial \varphi}{\partial q_k}\delta q_k \\
\delta z &= \frac{\partial \psi}{\partial q_1}\delta q_1 + \frac{\partial \psi}{\partial q_2}\delta q_2 + \dots + \frac{\partial \psi}{\partial q_k}\delta q_k
\end{aligned}$$

où $\delta q_1, \delta q_2 \dots \delta q_k$ sont liés par les p relations (40). Tirons de ces relations p des variations $\delta q_k, \delta q_{k-1}, \dots \delta q_{k-p+1}$ en fonction linéaire et homogène des autres ; nous aurons, en portant dans δx, δy, δz et faisant $n = k - p$

$$\begin{aligned}
\delta x &= a_1\delta q_1 + a_2\delta q_2 + \dots + a_n\delta q_n \\
\delta y &= b_1\delta q_1 + b_2\delta q_2 + \dots + b_n\delta q_n \qquad (43)\\
\delta z &= c_1\delta q_1 + c_2\delta q_2 + \dots + c_n\delta q_n
\end{aligned}$$

où maintenant $\delta q_1, \delta q_2, \dots \delta q^n$ sont arbitraires. Portant ces valeurs de δx, δy, δz dans l'équation générale de la dynamique (37), on obtient une relation dans laquelle les coefficients de δq_1, δq_2, ... δq_n doivent être nuls et on a ainsi les équations du mouvement

$$\Sigma m\left(a_1\frac{d^2x}{dt^2}+b_1\frac{d^2y}{dt^2}+c_1\frac{d^2z}{dt^2}\right)=\Sigma\,(a_1X+b_1Y+c_1Z)=Q_1$$

. . . .

$$\Sigma m\left(a_\nu\frac{d^2x}{dt^2}+b_\nu\frac{d^2y}{dt^2}+c_\nu\frac{d^2z}{dt^2}\right)=\Sigma\,(a_\nu X+b_\nu Y+c_\nu Z)=Q_\nu \qquad (\nu=1,\ 2,\dots,\ n) \tag{44}$$

où nous désignons les deuxièmes membres par Q_ν.

D'ailleurs, le déplacement réel étant actuellement compatible avec les liaisons, on a, d'après (43)

$$dx=a_1dq_1+a_2dq_2+\dots+a_n\,dq_n$$

. . . .

ou, en adoptant la notation de Lagrange pour les dérivées

$$x'=a_1q'_1+a_2q'_2+\dots+a_n\,q'_n$$
$$y'=b_1q'_1+b_2q'_2+\dots+b_n\,q'_n$$
$$z'=c_1q'_1+c_2q'_2+\dots+c_n\,q'_n\,.$$

Essayons de suivre, sur la première des équations (44), la méthode qui conduit aux équations de Lagrange. Nous supposerons, pour simplifier, que les coefficients, a_1, b_1, c_1..., a_2, b_2, c_2, ... a_n, b_n, c_n, *dépendent uniquement de* q_1, q_2, ... q_n. On peut écrire la première équation (44), ($\nu=1$),

$$\frac{d}{dt}\,\Sigma m\,(a_1x'+b_1y'+c_1z')-R_1=Q_1 \tag{45}$$

où R_1 désigne la quantité

$$R_1=\Sigma m\left(x'\frac{da_1}{dt}+y'\frac{db_1}{dt}+z'\frac{dc_1}{dt}\right)$$

Or a_1, b_1, c_1 étant évidemment égaux à $\dfrac{\partial x'}{\partial q'_1}$, $\dfrac{\partial y'}{\partial q'_1}$, $\dfrac{\partial z'}{\partial q_1'}$ le premier terme de l'équation (45) est

$$\frac{d}{dt}\left(\frac{\partial T}{\partial q_1'}\right)$$

comme dans les équations de Lagrange ; mais le deuxième R_1 n'est pas, en général, égal à $\frac{\partial T}{\partial q_1}$. En effet on a :

$$\frac{\partial T}{\partial q_1} = \Sigma m \left(x' \frac{\partial x'}{\partial q_1} + y' \frac{\partial y'}{\partial q_1} + z' \frac{\partial z'}{\partial q_1} \right)$$

Donc

$$(46) \qquad R_1 - \frac{\partial T}{\partial q_1} = \Sigma m \left[x' \left(\frac{da_1}{dt} - \frac{\partial x'}{\partial q_1} \right) + y' \left(\frac{db_1}{dt} - \frac{\partial y'}{\partial q_1} \right) + z' \left(\frac{dc_1}{dt} - \frac{\partial z'}{\partial q_1} \right) \right]$$

Or les coefficients a_1, b_1, ... étant supposés fonctions de q_1, q_2, ... q_n, on a

$$\frac{da_1}{dt} = \frac{\partial a_1}{\partial q_1} q_1' + \frac{\partial a_1}{\partial q_2} q_2' + \ldots + \frac{\partial a_1}{\partial q_n} q'_n$$
$$\frac{\partial x'}{\partial q_1} = \frac{\partial a_1}{\partial q_1} q_1' + \frac{\partial a_2}{\partial q_1} q_2' + \ldots + \frac{\partial a_n}{\partial q_1} q'_n$$

Le coefficient de x' dans la différence $R_1 - \frac{\partial T}{\partial q_1}$ est donc

$$(47) \quad \left(\frac{\partial a_1}{\partial q_2} - \frac{\partial a_2}{\partial q_1} \right) q_2' + \left(\frac{\partial a_1}{\partial q_3} - \frac{\partial a_3}{\partial q_1} \right) q_3' + \ldots + \left(\frac{\partial a_1}{\partial q_n} - \frac{\partial a_n}{\partial q_1} \right) q'_1 ;$$

il n'est pas nul en général. Les coefficients de y' et z' ont des formes analogues. D'après les valeurs de x', y', z' en fonction de q'_1, q'_2 ..., la différence $R_1 - \frac{\partial T}{\partial q_1}$ est donc, en général, une forme quadratique de q'_1, q'_2 ... q'_n. Pour que R_1 soit égal à $\frac{\partial T}{\partial q_1}$, c'est-à-dire pour que l'équation de Lagrange puisse s'appliquer au paramètre q_1, il faut et il suffit que cette forme quadratique soit identiquement nulle, quels que soient les q et les q'. Il résulte de cette analyse que certaines des équations employées par M. Lindelof dans son Mémoire des *Acta societatis Scientiarum Fennicae*, t. XXI doivent être modifiées [1].

[1] Ces équations ont été reproduites dans les premiers exemplaires du tome II de mon *Traité de mécanique* ; elles ont été corrigées dans les exemplaires suivants : la fin du no 452 a été modifiée et un no 452 *bis* ajouté.

Cas particuliers. — 1° Si les expressions (43) de δx, δy, δz sont des différentielles totales exactes, toutes les quantités telles que

$$\frac{\partial a_i}{\partial q_e}-\frac{\partial a_e}{\partial q_i},\quad \frac{\partial b_i}{\partial q_e}-\frac{\partial b_e}{\partial q_i},\quad \frac{\partial c_i}{\partial q_e}-\frac{\partial c_e}{\partial q_i}$$

sont nulles. Les expressions telles que (46) sont nulles et les équations de Lagrange s'appliquent à tous les paramètres. Dans ce cas, on peut intégrer les expressions (43) et exprimer x, y, z sous forme finie en fonction de $q_1, q_2 \dots q_n$.

2° Voici un cas où l'équation de Lagrange s'applique au paramètre q_1. Supposons que l'on ait

$$(48)\quad \begin{cases} \dfrac{\partial a_1}{\partial q_2}=\dfrac{\partial a_2}{\partial q_1}, & \dfrac{\partial a_1}{\partial q_3}=\dfrac{\partial a_3}{\partial q_1}\cdots & \dfrac{\partial a_1}{\partial q_n}=\dfrac{\partial a_n}{\partial q_1} \\ \dfrac{\partial b_1}{\partial q_2}=\dfrac{\partial b_2}{\partial q_1}, & \dfrac{\partial b_1}{\partial q_3}=\dfrac{\partial b_3}{\partial q_1}\cdots & \dfrac{\partial b_1}{\partial q_n}=\dfrac{\partial b_n}{\partial q_1} \\ \dfrac{\partial c_1}{\partial q_2}=\dfrac{\partial c_2}{\partial q_1}, & \dfrac{\partial c_1}{\partial q_3}=\dfrac{\partial c_3}{\partial q_1}\cdots & \dfrac{\partial c_1}{\partial q_n}=\dfrac{\partial c_n}{\partial q_1}. \end{cases}$$

Alors les quantités telles que (47) formant les coefficients de x', y', z' dans $R_1-\dfrac{T}{\partial q_1}$ sont *nulles*, et R_1 est égal à $\dfrac{T}{\partial q_1}$. L'équation de Lagrange s'applique donc au paramètre q_1. On peut caractériser autrement ce cas. Les conditions (48) étant supposées remplies, déterminons des fonctions de $q_1, q_2 \dots q_n$ par les conditions

$$U_1=\int_{q_1^0}^{q_1} a_1 dq_1,\qquad V_1=\int_{q_1^0}^{q_1} b_1 dq_1,\qquad W_1=\int_{q_1^0}^{q_1} c_1 dq_1$$

où q_1^0 est une constante quelconque, l'intégration étant faite par rapport à q_1. On trouve immédiatement, d'après les conditions (48)

$$\frac{\partial U_1}{\partial q_2}=\int_{q_1^0}^{q_1}\frac{\partial a_1}{\partial q_2}\,dq_1=\int_{q_1^0}^{q_1}\frac{\partial a_2}{\partial q_1}\,dq_1=a_2-a_2^0$$

a_2^0 étant ce que devient a_2 quand on y remplace q_1 par la constante q_1^0. De même

$$\frac{\partial U_1}{\partial q_3}=a_3-a_3^0\dots\quad \frac{\partial U_1}{\partial q_n}=a_n-a_n^0.$$

On a des relations analogues pour V_1 et W_1. On peut alors écrire

$$\delta x = \delta U_1 + a_2^0 \delta q_2 + a_3^0 \delta q_3 + \ldots + a^0_n \delta q_n$$
$$\delta y = \delta V_1 + b_2^0 \delta q_2 + \ldots + b^0_n \delta q_n$$
$$\delta z = \delta W_1 + c_2^0 \delta q_2 + \ldots + c^0_n \delta q_n .$$

Ainsi, l'équation de Lagrange s'applique à q_1, quand, pour un point quelconque du système, δx, δy, δz peuvent se mettre sous la forme *d'une différentielle totale suivie d'une expression différentielle ne contenant pas* q_1.

On peut dire aussi que si q_2, q_3 ... q_n étaient connus en fonction de t, q_1 deviendrait une véritable coordonnée, car on pourrait exprimer x, y, z en fonction de q_1 sous forme finie.

Dans son mémoire déjà cité M. Carvallo s'est servi d'une façon élégante des équations de Lagrange qu'il a modifiées, comme il est nécessaire, pour traiter les problèmes du cerceau, du monocycle et du bicycle : il a donné une méthode simple et générale pour le calcul des termes R_1, R_2 ... R_n. Il a montré en outre que l'équation de Lagrange peut être appliquée sans modification au paramètre déterminant l'inclinaison du cerceau sur le plan ; cela tient, comme nous venons de le dire, à ce que les autres paramètres une fois connus en fonction de t, l'inclinaison serait une véritable coordonnée. Mais antérieurement à M. Carvallo, M. Hadamard a approfondi ces questions de mécanique analytique dans des recherches d'une grande généralité, qu'en raison de leur importance nous reproduisons textuellement à la page suivante.

Emploi du principe d'Hamilton. — On peut d'une façon commode, déduire les équations de Lagrange du principe d'Hamilton. Il va de soi que cette démonstration tombe en défaut dans le cas des liaisons exceptionnelles qui nous occupent. C'est ce que j'ai montré au point de vue de l'enseignement et sans prétendre ajouter quoi que ce soit au fond même du problème, dans une petite note du *Bulletin de la Société mathématique* de France (décembre 1898).

24. Équations pouvant remplacer celles de Lagrange. — En différentiant par rapport au temps les équations donnant x', y', z', on a

$$x'' = a_1 q''_1 + a_2 q''_2 + \ldots + a^n q''_n + \ldots$$
$$\ldots\ldots\ldots\ldots\ldots\ldots$$

où les termes non écrits dans x'' ne contiennent pas les q''. Mais alors on a évidemment

$$a_1 = \frac{\partial x''}{\partial q''_1}, \quad b_1 = \frac{\partial y''}{\partial q''_1}, \quad c_1 = \frac{\partial z''}{\partial q''_1}$$

et la première des équations (44) peut s'écrire

$$\sum m\left(x'' \frac{\partial x''}{\partial q''_1} + y'' \frac{\partial y''}{\partial q''_1} + z'' \frac{\partial z''}{\partial q''_1}\right) = Q_1;$$

donc, en posant

$$S = \frac{1}{2} \sum m(x''^2 + y''^2 + z''^2) = \frac{1}{2} \sum m J^2,$$

J étant l'accélération du point m, l'équation s'écrit

$$\frac{\partial S}{\partial q''_1} = Q_1.$$

On a, de même, les autres équations. (Voyez une note insérée aux *Comptes rendus*, 7 août 1899.)

SUR

LES MOUVEMENTS DE ROULEMENT

PAR M. J. HADAMARD,

PROFESSEUR A LA FACULTÉ DES SCIENCES DE BORDEAUX

(Extrait des *Mémoires* de la Société des sciences physiques et naturelles de Bordeaux, t. V (4e série) 1895.)

---

1. Ainsi que l'a remarqué M. C. Neumann [1], l'étude des mouvements de roulement occupe en dynamique une place à part, en raison de la forme analytique que revêtent les équations de liaison. La condition imposée à deux corps du système de rouler l'un sur l'autre sans glissement se traduit en effet, non par des équations en termes finis entre les paramètres cherchés, mais par des équations linéaires aux différentielles totales *non intégrables*. M. C. Neumann et, après lui, M. Vierkandt [2] ont établi ces équations en adoptant une notation particulière. J'emploierai ici les notations de M. Darboux [3] qui conduisent très aisément au même résultat.

Soient, en effet, $S, S^{(1)}$ deux surfaces du système assujetties à être tangentes l'une à l'autre et sur chacune desquelles nous aurons choisi un système de coordonnées curvilignes ainsi qu'un trièdre attaché à la surface en chaque point. La position

---

[1] *Grundzüge der Analytischen Mechanik* (*Berichte über die Verhandlungen der Königl. Sächs. Gesellsch. der Wissensch. zu Leipzig*, 1888, p. 32).

[2] *Ueber gleitende und rollende Bewegung* (*Monatshefte für Mathematik und Physik*, t. III, p. 47; 1892).

[3] *Leçons sur la théorie générale des surfaces*, livre V, chap. II.

relative de ces deux corps sera définie par les coordonnées $u, v; u^{(1)}, v^{(1)}$ du point de contact tant sur S que sur $S^{(1)}$ et par l'angle φ que font les axes attachés à $S^{(1)}$ avec les axes attachés à S. Si maintenant nous voulons exprimer que les deux surfaces S, $S^{(1)}$ roulent l'une sur l'autre sans glisser, nous écrirons que les déplacements infiniment petits du point de contact sur les deux surfaces sont identiques, ce qui nous donne

$$
(1)\quad \begin{cases} \xi du + \xi_1 dv = (\xi^{(1)} du^{(1)} + \xi_1^{(1)} dv^{(1)}) \cos\varphi - (\eta^{(1)} du^{(1)} + \eta_1^{(1)} dv^{(1)}) \sin\varphi, \\ \eta du + \eta_1 dv = (\xi^{(1)} du^{(1)} + \xi_1^{(1)} dv^{(1)}) \sin\varphi + (\eta^{(1)} du^{(1)} + \eta_1^{(1)} dv^{(1)}) \cos\varphi \end{cases}
$$

où ξ, ξ_1, η, η_1 ont relativement à la surface S le même sens que dans les Leçons de M. Darboux, $\xi^{(1)}, \xi_1^{(1)}, \eta^{(1)}, \eta_1^{(1)}$ désignant les quantités analogues relatives à la surface $S^{(1)}$ rapportée aux coordonnées curvilignes $u^{(1)}, v^{(1)}$.

2. Il existe d'ailleurs des problèmes où figurent d'autres équations de forme analogue. Supposons, par exemple, que non seulement le frottement de glissement, mais encore le frottement de pivotement prenne une valeur considérable (le frottement de roulement étant toujours nul), de sorte que le pivotement soit, à son tour, rendu impossible. Cette condition s'exprime (en employant toujours les notations de M. Darboux) par l'équation

$$
(2)\qquad r du + r_1 dv + d\varphi - R du^{(1)} - R_1 dv^{(1)} = 0,
$$

où R, R_1 désignent les quantités analogues à r, r_1 sur la seconde surface, et dont le premier membre est la valeur de la composante normale de la rotation élémentaire. D'ailleurs le frottement de pivotement se traduisant par un couple d'axe normal aux deux surfaces, son travail est nul si l'équation (2) est vérifiée, ce qui permet d'appliquer les principes de la dynamique analytique.

3. En second lieu, soient une courbe et une surface du système assujetties à rester tangentes l'une à l'autre. Leur position

relative sera définie : 1° par les coordonnées u, v du point de contact sur la surface ; 2° par l'arc l de la courbe, compris entre le point de contact et une origine fixe ; 3° par l'angle ω que fait la tangente à la courbe, prise dans le sens des l croissants, avec l'axe des x du trièdre attaché à la surface ; 4° par l'angle θ que fait le plan osculateur à la courbe avec le plan tangent à la surface. L'absence de glissement, c'est-à-dire l'identité des déplacements infiniment petits du point de contact, s'exprimera par les équations

$$(3)\qquad \left\{\begin{aligned} \xi du + \xi_1 dv &= dl\cos\omega,\\ \eta du + \eta_1 dv &= dl\sin\omega.\end{aligned}\right.$$

Si l'on doit écrire l'absence de pivotement, il faudra ajouter l'équation

$$(4)\qquad r du + r_1 dv + d\omega - \frac{dl\cos\theta}{\rho} = 0,$$

(ρ désignant le rayon de courbure de la courbe), dont le premier membre est la composante normale de rotation

4. Les problèmes de cette espèce, où les paramètres q_1, q_2, ..., q_{m+p} qui définissent l'état du système sont liés par des équations linéaires

$$E_h \qquad (h = 1, 2, \ldots, p)$$

aux différentielles totales, se traitent [1] par une méthode tout analogue à celle qui est employée lorsque les paramètres sont liés par des équations en termes finis. Après avoir écrit l'expression $Q_1\delta q_1 + \ldots + Q_{m+p}\delta q_{m+p}$, dans laquelle

$$Q_i = \frac{d}{dt}\left(\frac{\partial T}{\partial q'_i}\right) - \frac{\partial T}{\partial q_i} - \frac{\partial U}{\partial q_i},$$

on écrit que cette expression est nulle, non pour toutes les valeurs des δq, mais seulement pour toutes celles qui satisfont aux équations linéaires E_h.

[1] Vierkandt, *loc. cit.*, p. 47-50.

Pour le cas de deux surfaces tangentes, le calcul de la demi-force vive T a été fait dans les Mémoires précédemment cités. Il se ferait aisément avec la notation actuelle, puisque les formules connues permettent d'évaluer le déplacement infiniment petit du centre de gravité et la rotation élémentaire.

5. Si les équations E_h résultaient de la différentiation d'équations en termes finis $\mathcal{E}_h$, on pourrait s'en servir pour remplacer p des quantités q' par leurs valeurs en fonction des m autres dans l'expression de T, car cela revient au fond à n'introduire dans la mise en équation que m paramètres[1], les p autres étant exprimés en fonction des premiers à l'aide des équations $\mathcal{E}$.

Mais il n'en est plus de même si les équations E ne forment pas un système intégrable, et la méthode suppose essentiellement[2] que la demi-force vive T a été calculée *comme si les paramètres q étaient indépendants.*

On peut se proposer de vérifier par un calcul direct jusqu'à quel point cette précaution est indispensable, et cette étude conduit, comme nous allons le voir, à des résultats d'une forme intéressante.

Prenons d'abord, pour fixer les idées, un cas particulier : $m=2$, $p=2$. Écrivons les équations E résolues par rapport à deux des différentielles

$$(5)\qquad \begin{cases} a_1^3 dq_1 + a_2^3 dq_2 - dq_3 = 0, \\ a_1^4 dq_1 + a_2^4 dq_2 - dq_4 = 0. \end{cases}$$

ou, en divisant par dt,

$$(5')\qquad \begin{cases} \mathfrak{A}_3 = a^3_1 q'_1 + a_2^3 q'_2 - q_3' = 0, \\ \mathfrak{A}_4 = a_1^4 q'_1 + a_2^4 q'_2 - q_4' = 0. \end{cases}$$

---

(1) L'élimination des paramètres $q_{m+1}, \ldots, q_{m+p}$ de l'expression T, à l'aide des équations $\mathcal{E}$, se compose, il est vrai, de deux opérations : 1° le remplacement de ces paramètres eux-mêmes par leurs valeurs tirées des équations intégrales $\mathcal{E}$; 2° le remplacement des différentielles correspondantes par leurs valeurs tirées des équations différentielles E. Mais on reconnait aisément que la première de ces opérations peut être effectuée après les différentiations partielles, la seconde ayant été effectuée avant ces différentiations.

(2) Cf. Vierkandt, *loc. cit.*, p. 52-54.

Se servir des équations $\delta I_{3=0}$, $\delta I_{4=0}$, c'est, algébriquement parlant, ajouter à l'expression T une autre expression de la forme $\lambda_3 \delta I_3 + \lambda_4 \delta I_4$, où λ_3, λ_4 sont des fonctions quelconques des q et des q' (en général, il y aura lieu de prendre λ_3, λ_4 linéaires par rapport aux q', puisque T est quadratique par rapport aux mêmes quantités). L'addition d'une telle expression introduit dans chaque expression Q_i un nouveau terme, à savoir la valeur que prendrait Q_i si la forme T était remplacée par $\lambda_3 \delta I_3 + \lambda_4 \delta I_4$ et U par o ; et cette addition ne sera légitime que si ce nouveau terme disparaît dans le résultat final. Nous avons donc à écrire que, pour les valeurs $T = \lambda_3 \delta I + \lambda_4 \delta I_4$; $U = o$, les équations du mouvement se réduisent à des identités.

Nous observerons tout d'abord :

1° Que si T contenait des termes du second degré au moins par rapport à $\delta I_3, \delta I_4$ (autrement dit si λ_3, λ_4 contenaient des termes composés linéairement avec ces quantités), la différentiation partielle conserverait $\delta I_3, \delta I_4$ au premier degré, et que ces termes seraient par suite sans influence, puisqu'il y a lieu, après cette différentiation, de tenir compte des équations (5) ;

2° Que, pour la même raison, tout le poids de la différentiation partielle doit porter sur $\delta I_3, \delta I_4$ et non pas sur λ_3, λ_4.

Dans ces conditions, en formant les équations du mouvement, qui sont

$$(6) \qquad \begin{cases} Q_1 + a_1^3 Q_3 + a_1^4 Q_4 = o, \\ Q_2 + a_2^3 Q_3 + a_2^4 Q_4 = o, \end{cases}$$

on voit que les termes en $\frac{d\lambda_3}{dt}$, $\frac{d\lambda_4}{dt}$ disparaissent et, en remplaçant q'_3, q'_4 par leurs valeurs tirées des équations (5'), on trouve simplement

$$(7) \qquad \begin{aligned} q_2'(\lambda_3 H_3 + \lambda_4 H_4) &= o, \\ q_1'(\lambda_3 H_3 + \lambda_4 H_4) &= o, \end{aligned}$$

en posant

$$H_3 = \frac{\partial a_1^3}{\partial q_2} - \frac{\partial a_2^3}{\partial q_1} + a_2^3 \frac{\partial a_1^3}{\partial q_3} - a_1^3 \frac{\partial a_2^3}{\partial q_3} + a_2^4 \frac{\partial a_1^3}{\partial q_4} - a_1^4 \frac{\partial a_2^3}{\partial q_4},$$

$$H_4 = \frac{\partial a_1^4}{\partial q_2} - \frac{\partial a_2^4}{\partial q_1} + a_2^3 \frac{\partial a_1^4}{\partial q_3} - a_1^3 \frac{\partial a_2^4}{\partial q_3} + a_2^4 \frac{\partial a_1^4}{\partial q_4} - a_1^4 \frac{\partial a_2^4}{\partial q_4}.$$

Les relations $H_3 = 0$, $H_4 = 0$ expriment les conditions d'intégrabilité du système (5).

Donc *lorsque les équations* (5) *forment un système intégrable, et dans ce cas seulement, on peut tenir compte immédiatement de ces équations dans le calcul de* T.

Mais pour des valeurs quelconques des coefficients a, nous voyons que λ_3, λ_4 ne sont déterminés que par leur rapport et qu'on peut prendre pour $\lambda_3 \mathcal{A}_3 + \lambda_4 \mathcal{A}_4$ un multiple quelconque de la combinaison linéaire

$$\mathcal{G} = H_4 \mathcal{A}_3 - H_3 \mathcal{A}_4.$$

On peut donc se servir, avant toute différentiation, de l'équation $\mathcal{G} = 0$.

6. Les choses peuvent se passer tout différemment si le nombre des paramètres change : si, par exemple, les coefficients a dépendent d'un cinquième paramètre q_5. Car alors les équations (7) devront être complétées par des termes en q'_5. Ces nouvelles équations, considérées comme identités par rapport aux q', ont manifestement un caractère algébrique tout autre que les premières et ne sont vérifiées que dans des circonstances très exceptionnelles, dont nous ne nous occuperons pas.

7. Envisageons maintenant le cas général, et soient

$$(8) \qquad \mathcal{A}_k = \sum_{h1}^{m} a_h^k q'_h - q'_k = 0, \qquad (k = m+1, \ldots, m+p)$$

les équations différentielles de liaison.

Comme précédemment, donnons à T la valeur

$$T = \sum_{k=m+1}^{m+p} \lambda_k \mathcal{A}_k,$$

avec $\Gamma' = 0$. On trouve aisément, moyennant les mêmes remarques que plus haut,

$$Q_i = \sum_{k=m+1}^{m+p} \frac{d}{dt}(\lambda_k a_i^k) - \sum_{k=m+1}^{m+p} \lambda_k \left(\sum_{h=1}^{m} q'_h \frac{\partial a_h^k}{\partial q_i} \right) \quad (i = 1, 2, \ldots m),$$

$$Q_l = \frac{\lambda_l}{dt} - \sum_{k=m+1}^{m+p} \lambda_k \left(\sum_{h=1}^{m} q'_h \frac{\partial a_h^k}{\partial q_l} \right) \quad (l = m + 1, \ldots m + p),$$

et les équations du mouvement

$$Q_i + \sum_l a_i^l Q_l = 0$$

s'écrivent, en développant $\frac{da_i}{dt}$, remplaçant les q'^k par leurs valeurs tirées des équations (8) et ordonnant par rapport aux q'_h

$$(9) \qquad \sum_{h=i}^{m} q'_h P_{i,h} = 0, \qquad (i = 1, 2, \ldots, m),$$

en posant

$$P_{i,h} = \sum_{k=m+1}^{m+p} \lambda_k \left[\frac{\partial a_i^k}{\partial q_h} - \frac{\partial a_h^k}{\partial q_i} - \sum_{l=m+1}^{m+p} \left(a_i^l \frac{\partial a_h^k}{\partial q_l} - a_h^l \frac{\partial a_i^k}{\partial q_l} \right) \right].$$

d'où résulte en particulier

$$(10) \qquad P_{i,h} = - P_{h,i}.$$

A tout système de valeurs des λ_k indépendant des q' et vérifiant les équations (9) correspond une combinaison linéaire $\mathcal{G}$ des équations (8) utilisable avant toute différentiation. Un tel système doit satisfaire aux équations

$$P_{i,h} = 0,$$

lesquelles d'après la relation (10), se réduisent au nombre

de $\frac{m(m-1)}{2}$. Il y aura donc toujours des combinaissn $\mathcal{G}$ dès que p sera supérieur [1]) à $\frac{m(m-1)}{2}$, et leur nombre sera au moins de $p - \frac{m(m-1)}{2}$.

En particulier, on peut tirer de ces équations $p - \frac{m(m-1)}{2}$ des différentielles q' en fonction des autres et par conséquent, *m étant le nombre des paramètres indépendants, on peut toujours réduire la forme* T *à ne contenir que* $\frac{m(m+1)}{2}$ *différentielles.*

8. Pour des valeurs particulières des coefficients a, le nombre des solutions indépendantes peut être supérieur à celui que nous venons d'indiquer. Mais *on ne peut se servir de toutes les équations* (8) *que* si les coefficients de tous les λ sont nuls, c'est-à-dire, ainsi qu'on s'en assure aisément, *si le système* (8) *est intégrable.*

9. Pour voir quelle propriété analytique caractérise les combinaisons $\mathcal{G}$, nous allons étudier leur formation lorsqu'on suppose les équations E données sous leur forme générale et non résolues par rapport à une partie des paramètres.

Prenons d'abord le cas particulier par lequel nous avons commencé ; soient

$$(11)\qquad \left\{\begin{aligned} \mathcal{A} &= A_1q_1' + A_2q_2' + A_3q_3' + A_4q_4' = 0,\\ \mathcal{B} &= B_1q_1' + B_2q_2' + B_3q_3' + B_4q_4' = 0,\end{aligned}\right.$$

ou

$$(11')\qquad \left\{\begin{aligned} A_1dq_1 + A_2dq_2 + A_3dq_3 + A_4dq_4 &= 0,\\ B_1dq_1 + B_2dq_2 + B_3dq_3 + B_4dq_4 &= 0\end{aligned}\right.$$

les équations différentielles, et, partant de $T = \lambda\mathcal{A} + \mu\mathcal{B}$;

---

(1) D'après ce qui précède, on voit qu'on doit avoir soin de compter au nombre des paramètres ceux-là mêmes dont les différentielles ne figureraient pas dans les équations E, s'ils entrent dans les coefficients a de ces équations.

$U = 0$, formons les expressions Q_i, en négligeant toujours d'écrire les dérivées partielles portant sur λ, μ. Nous trouvons, en multipliant par dt,

$$Q_i dt = A_i d\lambda + B_i d\mu + \lambda \sum_{h=1}^{4} dq_h \left(\frac{\partial A_i}{\partial q_h} - \frac{\partial A_h}{\partial q_i}\right)$$
$$+ \mu \sum_{h} dq_h \left(\frac{\partial B_i}{\partial q_h} - \frac{\partial B_h}{\partial q_i}\right).$$

Nous avons maintenant à écrire que l'expression

$$(12) \qquad (Q_1 \delta q_1 + Q_2 \delta q_2 + Q_3 \delta q_3 + Q_4 \delta q_4)\, dt$$

est nulle toutes les fois que les δq, d'une part, et les dq, de l'autre, vérifieront les équations (11'). Nous voyons immédiatement qu'en vertu de ces équations les termes $d\lambda$, $d\mu$ disparaissent de l'expression (12), laquelle prend la forme simple

$$(13) \quad \mathfrak{P} = \sum_{h,i} \left[\lambda \left(\frac{\partial A_i}{\partial q_h} - \frac{\partial A_h}{\partial q_i}\right) + \mu \left(\frac{\partial B_i}{\partial q_h} - \frac{\partial B_h}{\partial q_i}\right) \right] (dq_h \delta q_i - dq_i \delta q_h).$$

10. Une première interprétation géométrique nous permettra d'écrire immédiatement l'équation qui relie λ et μ.

Considérons en effet dq_1, dq_2, dq_3, dq_4 ; δq_1, δq_2, δq_3, δq_4, comme représentant les coordonnées homogènes de deux points de l'espace ordinaire. Les expressions $dq_h \delta q_i - dq_i \delta q_h$ représentent les coordonnées plückériennes de la droite qui joint ces deux points, c'est-à-dire (à cause des conditions imposées aux d et aux δ) de l'intersection des deux plans représentés par les équations (11'). Il suffit de substituer les coordonnées dans l'équation $\mathfrak{P} = 0$, qui est celle d'un complexe linéaire auquel doit appartenir notre droite, pour obtenir la condition cherchée

$$(14) \quad \sum_{h,i,k,l} \left[\lambda \left(\frac{\partial A_i}{\partial q_h} - \frac{\partial A_h}{\partial q_i}\right) + \mu \left(\frac{\partial B_i}{\partial q_h} - \frac{\partial B_h}{\partial q_i}\right) \right] (A_k B_l - A_l B_k) = 0,$$

où les indices h, i, k, l sont les indices 1, 2, 3, 4 déplacés par une quelconque des permutations alternées.

11. Dans le cas général où les $m+p$ paramètres sont reliés par les p équations,

$$(15)\quad \left\{\begin{array}{l} \mathcal{A} = A_1 q_1' + \ldots + A_{m+p} q'_{m+p} = 0, \\ \mathcal{B} = B_1 q_1' + \ldots + B_{m+p} q'_{m+p} = 0, \\ \ldots\ldots\ldots\ldots\ldots\ldots \\ \mathcal{L} = L_1 q_1' + \ldots + L_{m+p} q'_{m+p} = 0, \end{array}\right.$$

ou

$$(15')\quad \left\{\begin{array}{l} A_1 dq_1 + \ldots + A_{m+p} dq_{m+p} = 0, \\ B_1 dq_1 + \ldots + B_{m+p} dq_{m+p} = 0, \\ \ldots\ldots\ldots\ldots\ldots\ldots \\ L_1 dq_1 + \ldots + L_{m+p} dq_{m+p} = 0, \end{array}\right.$$

nous aurons à traiter de la même manière l'expression

$$(Q_1 \delta q_1 + \ldots + Q_{m+p} \delta q_{m+p})\, dt$$

formée dans l'hypothèse $U = 0$; $T = \lambda\mathcal{A} + \mu\mathcal{B} + \ldots + \sigma\mathcal{L}$ et qui devient

$$(16)\quad \left\{\begin{aligned} \mathcal{P} = \sum_{h,i} \Bigg[\lambda \left(\frac{\partial A_i}{\partial q_h} - \frac{\partial A_h}{\partial q_i} \right) + \mu \left(\frac{\partial B_i}{\partial q_h} - \frac{\partial B_h}{\partial q_i} \right) + \ldots \\ + \sigma \left(\frac{\partial L_i}{\partial q_h} - \frac{\partial L_h}{\partial q_i} \right) \Bigg] (dq_h \delta q_i - dq_i \delta q_h). \end{aligned}\right.$$

Si nous supposons que $dq_1, \ldots dq_{m+p}$ d'une part, $\delta q_1, \ldots, \delta q_{m+p}$ de l'autre représentent des coordonnées homogènes dans l'espace à $m+p-1$ dimensions, les expressions, $dq_h \delta q_i - dq_i \delta q_h$ sont les coordonnées de la droite joignant les deux points ainsi définis. Les équations (15') représentent, pour $m=2$, une droite [1] qui doit, par suite, appartenir au complexe défini par l'équation $\mathcal{P} = 0$, et pour $m > 2$ une multiplicité linéaire $(m-1)^{\text{uple}}$ dont toutes les droites doivent appartenir à ce complexe. Comme une telle multiplicité con-

---

[1] Nous ne parlerons pas, bien entendu, du cas de $m=1$, pour lequel les équations (15') se réduisent à des équations différentielles ordinaires.

tient $\frac{m(m-1)}{2}$ droites à coordonnées linéairement indépendantes, nous retrouvons bien le nombre de conditions précédemment obtenu.

12. Considérons maintenant les paramètres q eux-mêmes comme les coordonnées (absolues) d'un point dans l'espace à $m+p$ dimensions. Les équations (15') pourront être considérées comme les équations d'une multiplicité plane m^{uple} à laquelle devront être tangentes toutes les courbes passant par un point déterminé M et satisfaisant à ces équations. Une surface (Σ) à m dimensions tangente en M à cet hyperplan sera un lieu de courbes vérifiant, *au point* M, lesdites équations différentielles.

Nous pourrons, pour fixer les idées, supposer les différentielles d et δ prises sur des courbes appartenant à cette surface et, en désignant par $t, u, v, \ldots, w$ un système de m coordonnées curvilignes sur Σ, poser $d = dt \frac{\partial}{\partial t}$; $\delta = du \frac{\partial}{\partial u}$.

Or, en désignant par dV la première des différentielles (15'), l'expression $\mathfrak{L}$, pour

$$\lambda = 1, \qquad \mu = \nu = \ldots = \sigma = 0,$$

se réduit à $d\delta V - \delta dV$.

L'équation $\mathfrak{A} = 0$ ne sera donc une des combinaisons cherchées que si $\frac{d\delta V - \delta dV}{dt\, du}$ est nul au point M.

Donc *une combinaison* $\mathfrak{L}$ *est caractérisée par ce fait qu'elle est différentielle exacte, en un point quelconque* M, *sur la surface* (Σ) *correspondante*, en entendant par là que les conditions par lesquelles s'exprimerait l'intégrabilité de la différentielle dV sur (Σ) sont vérifiées, non en tout point de cette surface, mais au point M ; ce qui vient confirmer les évaluations précédemment obtenues, puisque ces conditions sont au nombre de $\frac{m(m-1)}{2}$.

Autrement dit encore, l'intégrale $\int dV$, prise le long d'une courbe fermée tracée sur la surface (Σ) au voisinage du point M est, non pas identiquement nulle, mais infiniment petite d'ordre supérieur par rapport à un petit élément de surface (à deux dimensions) limité à cette courbe.

13. Le cas de deux surfaces roulant l'une sur l'autre correspond à $m=3$, $p=2$. Il n'existe donc pas en général de combinaisons $\mathcal{C}$, et on voit immédiatement qu'il n'en existe même jamais.

Par contre, le cas où deux surfaces roulent l'une sur l'autre sans pivotement (conditions représentées par les équations (1) et (2)) et pour lequel $m=2$, $p=3$, offre deux pareilles combinaisons. Il est bien remarquable que ces deux combinaisons ne sont autres que les deux équations (1), *celles qui expriment l'absence de glissement*.

Si nous employons en effet l'interprétation géométrique du n° 11, les quantités

$$dq_1 = du, \qquad dq_2 = dv, \qquad dq_3 = du^{(1)}, \qquad dq_4 = dv^{(1)}, \qquad dq_5 = d\varphi$$

étant des coordonnées homogènes dans l'espace à quatre dimensions, les équations (1) et (2) lesquelles, en posant

$$(17) \quad \begin{cases} X = \xi^{(1)} \cos\varphi - \eta^{(1)} \sin\varphi, & X_1 = \xi_1^{(1)} \cos\varphi - \eta_1^{(1)} \sin\varphi, \\ Y = \xi^{(1)} \sin\varphi + \eta^{(1)} \cos\varphi, & Y_1 = \xi_1^{(1)} \sin\varphi + \eta_1^{(1)} \cos\varphi, \end{cases}$$

s'écriront

$$(15'') \quad \begin{cases} A_1 dq_1 + A_2 dq_2 + A_3 dq_3 + A_4 dq_4 + A_5 dq_5 = \xi du \\ \qquad\qquad + \xi_1 dv - X du^{(1)} - X_1 dv^{(1)} = 0, \\ B_1 dq_1 + B_2 dq_2 + B_3 dq_3 + B_4 dq_4 + B_5 dq_5 = \eta du \\ \qquad\qquad + \eta_1 dv - Y du^{(1)} - Y_1 dv^{(1)} = 0, \\ C_1 dq_1 + C_2 dq_2 + C_3 dq_3 + C_4 dq_4 + C_5 dq_5 = r du \\ \qquad\qquad + r_1 dv - R du - R_1 dv + d\varphi = 0, \end{cases}$$

définiront une droite dont les coordonnées seront les différents déterminants que l'on déduit du tableau

$$\left\| \begin{matrix} \xi & \xi_1 & -X & -X_1 & 0 \\ \eta & \eta_1 & -Y & -Y_1 & 0 \\ r & r_1 & -R & -R_1 & 1 \end{matrix} \right\|.$$

Désignant par $|hi|$ le déterminant obtenu en supprimant les colonnes de rang h, i et rangeant les autres de telle façon que l'ordre des cinq indices ainsi disposés dérive de l'ordre naturel par un nombre pair de transpositions, les coefficients de λ, μ dans l'expression deviendront respectivement

$$(18) \qquad \sum_{h,i}\left(\frac{\partial A_i}{\partial q_h}-\frac{\partial A_h}{\partial q_i}\right)|hi|, \qquad \sum_{h,i}\left(\frac{\partial B_i}{\partial q_h}-\frac{\partial B_h}{\partial q_i}\right)|hi|.$$

Les coefficients de dq_1, dq_2 ne dépendant que de q_1, q_2 ; ceux de dq_3, dq_4 étant indépendants de q_1, q_2, et ceux de dq_5 nuls ou constants, les seules combinaisons d'indices que nous ayons à considérer sont

$$h,i = \begin{cases} 1,2 \\ 3,4 \\ 3,5 \\ 4,5 \end{cases}$$

auxquelles correspondent respectivement les déterminants

$$|12| = XY_1 - YX_1 ; \qquad |34| = \xi\eta_1 - \eta\xi_1 ;$$

$$|35| = \begin{vmatrix} \xi & \xi_1 & X_1 \\ \eta & \eta_1 & Y_1 \\ r & r_1 & R_1 \end{vmatrix} ; \qquad |45| = - \begin{vmatrix} \xi & \xi_1 & X \\ \eta & \eta_1 & Y \\ r & r_1 & R \end{vmatrix}.$$

D'ailleurs les coefficients des équations (15'') satisfont aux relations différentielles [1]

$$\frac{\partial \xi}{\partial v} - \frac{\partial \xi_1}{\partial u} = \eta r_1 - r\eta_1, \qquad \frac{\partial \eta}{\partial v} - \frac{\partial \eta_1}{\partial u} = r\xi_1 - \xi r_1,$$

$$\frac{\partial X}{\partial v^{(1)}} - \frac{\partial X}{\partial u^{(1)}} = YR_1 - RY_1, \qquad \frac{\partial Y}{\partial v^{(1)}} - \frac{\partial Y_1}{\partial u^{(1)}} = RX_1 - XR_1,$$

$$\frac{\partial X}{\partial \varphi} = - Y, \qquad \frac{\partial X_1}{\partial \varphi} = - Y_1, \qquad \frac{\partial Y}{\partial \varphi} = X, \qquad \frac{\partial Y_1}{\partial \varphi} = X_1.$$

---

(1) Darboux, *loc. cit.*, p. 382.

ce qui nous donne, pour les coefficients (18), les expressions

$$
\begin{aligned}
-(\eta r_1 - r\eta_1)(XY_1 - YX_1) &+ (YR_1 - RY_1)(\xi\eta_1 - \eta\xi_1) \\
&- Y\begin{vmatrix} \xi & \xi_1 & X_1 \\ \eta & \eta_1 & Y_1 \\ r & r_1 & R_1 \end{vmatrix} + Y_1\begin{vmatrix} \xi & \xi_1 & X \\ \eta & \eta_1 & Y \\ r & r_1 & R \end{vmatrix}, \\
-(r\xi_1 - \xi r_1)(XY_1 - YX_1) &+ (RX_1 - XR_1)(\xi\eta_1 - \eta\xi_1) \\
&+ X\begin{vmatrix} \xi & \xi_1 & X_1 \\ \eta & \eta_1 & Y_1 \\ r & r_1 & R_1 \end{vmatrix} - X_1\begin{vmatrix} \xi & \xi_1 & X \\ \eta & \eta_1 & Y \\ r & r_1 & R \end{vmatrix},
\end{aligned}
$$

lesquelles s'annulent identiquement.

Notre conclusion est donc établie : lorsqu'il y a roulement sans pivotement, les équations du roulement peuvent être utilisées dans le calcul de T.

14. Si nous formons pareillement le coefficient qui correspond à la troisième équation, nous trouvons simplement

$$
\left(\frac{\partial r_1}{\partial u} - \frac{\partial r}{\partial v}\right)(XY_1 - YX_1) - \left(\frac{\partial R_1}{\partial u} - \frac{\partial R}{\partial v}\right)(\xi\eta_1 - \eta\xi_1),
$$

lequel ne s'annule (puisque $XY_1 - YX_1 = \xi^{(1)}\eta_1^{(1)} - \xi_1^{(1)}\eta^{(1)}$) que si l'on a

$$
\frac{\dfrac{\partial r_1}{\partial u} - \dfrac{\partial r}{\partial v}}{\xi\eta_1 - \eta\xi_1} = \frac{\dfrac{\partial R_1}{\partial u} - \dfrac{\partial R}{\partial v}}{\xi^{(1)}\eta_1^{(1)} - \xi_1^{(1)}\eta^{(1)}},
$$

c'est-à-dire *si les deux surfaces sont à courbures constantes et égales.*

Dans ce cas, en effet, les équations (1) et (2) forment bien un système intégrable. Pour s'en rendre compte, il suffit de remarquer que dans le cas du roulement sans pivotement, les lieux du point de contact sur les deux surfaces ont même courbure géodésique. Or ici les deux surfaces sont applicables sur la même sphère et nos deux lignes correspondront sur cette sphère à deux lignes égales. Il existe donc entre les paramètres u, v ; $u^{(1)}, v^{(1)}$ du point de contact les relations (contenant trois constantes arbitraires) qui définissent une rotation (ou plus exactement une symétrie) de la sphère. Quant à l'angle φ, angle que fait l'axe des x du trièdre attaché à la sphère au point transformé par la symétrie avec la nouvelle position de l'axe des x primitif, il s'exprime en fonction de u, v et des mêmes constantes. Les trois relations ainsi écrites sont les intégrales du système différentiel.

15. Le fait qu'une courbe sphérique est déterminée quand on donne le rayon de courbure géodésique en fonction de l'arc est presque évident *a priori*. Il se ramène d'ailleurs immédiatement à des considérations cinématiques à l'aide d'un trièdre trirectangle ayant son sommet au centre de la sphère, une arête aboutissant en un point de la courbe et une face tangente au cône qui a pour base cette courbe et pour sommet le centre. L'extrémité sphérique de l'arête normale au cône décrit la courbe sphérique polaire de la première et les tangentes aux deux courbes sont parallèles. En supposant, pour simplifier, le rayon de la sphère égal à 1, le rapport $\frac{ds}{ds_1}$ des arcs de la courbe primitive et de la courbe polaire est égal au rayon de courbure géodésique ρ_g. Or, si l'on prend pour variable indépendante l'arc s, on voit que la rotation instantanée du trièdre a pour projections sur les arêtes $\frac{ds_1}{ds}$, 0, 1. Le mouvement de ce trièdre est donc connu quand on donne la courbure géodésique en fonction de l'arc.

Il est à remarquer que l'égalité $\rho_g = \frac{ds}{ds_1}$ donne une démonstration immédiate de la proposition : *Quand deux figures sont polaires l'une de l'autre sur la sphère de rayon 1, l'aire de chacune d'elles est égale, à la demi-sphère près, au périmètre de l'autre, si du moins l'on compte les arcs comme positifs ou négatifs suivant que les tangentes correspondantes des deux courbes sont de même sens ou de sens contraires.*

Car l'intégrale $\int \frac{ds}{\rho_g} = \int\int d\sigma$ se réduit alors à $\int ds_1$.

16. Un mouvement de roulement très simple est celui d'un plan indéfini roulant sur une surface fixe, en l'absence de forces accélératrices. Par plan indéfini, nous entendons un plan sur lequel des masses sont disposées à des distances très grandes les unes des autres, de manière que les moments d'inertie principaux soient très grands. On peut même supposer des masses extérieures au plan et liées à ce plan, sous la condition que le centre de gravité soit sur le plan et l'ellipsoïde central de révolution autour de la normale au plan, de sorte que, m désignant la masse du système, les moments principaux d'inertie seront mk^2, mk^2 et λmk^2, où k^2 est très grand. D'après cela, nous pourrons négliger les termes où k^2 n'entre pas en facteur vis-à-vis de ceux qui le contiennent et réduire la force vive $2T$ à la force vive de rotation autour du centre de gravité

$$(19)\quad \frac{2T}{mk^2} = (pu' + p_1v')^2 + (qu' + q_1v')^2 + \lambda(\varphi' + ru' + r_1v')^2.$$

L'équation relative à la variable φ se réduit à

$$(20)\quad \varphi' + ru' + r_1v' = c.$$

Quant aux équations relatives à u, v, elles devraient, en vertu des équations de liaison qui s'écrivent

$$(21)\quad \begin{cases} \xi du + \xi_1 dv = dx\cos\varphi - dy\sin\varphi, \\ \eta du + \eta_1 dv = dx\sin\varphi + dy\cos\varphi \end{cases}$$

(x, y désignant les coordonnées du point de contact dans le plan mobile), être combinées linéairement avec les équations relatives à x, y. Mais les premiers membres de ces dernières, ne contenant aucun terme en k^2, sont négligeables ; on peut donc écrire

$$
(22) \quad \left\{
\begin{aligned}
&\frac{d}{dt}[p(pu'+p_1v')]-\left(\frac{\partial p}{\partial u}u'+\frac{\partial p_1}{\partial u}v'\right)(pu'+p_1v')\\
&\qquad+\frac{d}{dt}[q(qu'+q_1v')]-\left(\frac{\partial q}{\partial u}u'+\frac{\partial q_1}{\partial u}v'\right)(qu'+q_1v')\\
&\qquad+\lambda c\left(\frac{dr}{dt}-\frac{\partial r}{\partial u}u'-\frac{\partial r_1}{\partial u}v'\right)=0,\\
&\frac{d}{dt}[p_1(pu'+p_1v')]-\left(\frac{\partial p}{\partial v}u'+\frac{\partial p_1}{\partial v}v'\right)(pu'+p_1v')\\
&\qquad+\frac{d}{dt}[q_1(qu'+q_1v')]-\left(\frac{\partial q}{\partial v}u'+\frac{\partial q_1}{\partial v}v'\right)(qu'+q_1v')\\
&\qquad+\lambda c\left(\frac{dr_1}{dt}-\frac{\partial r}{\partial v}u'-\frac{\partial r_1}{\partial v}v'\right)=0.
\end{aligned}
\right.
$$

Ces équations (22), auxquelles, en vertu de l'équation (20), on peut adjoindre l'intégrale des forces vives, déterminent u, v. Elles ne contiennent comme éléments caractéristiques de la surface que les rotations, c'est-à-dire des éléments qui ne dépendent que de la représentation sphérique.

Posons, comme à l'ordinaire,

$$
(23) \qquad qu'+q_1v'=\frac{d\sigma}{dt}\cos\theta, \qquad pu'+p_1v'=-\frac{d\sigma}{dt}\sin\theta,
$$

où σ est l'arc de la représentation sphérique de la trace de roulement sur la surface, θ l'angle que cette représentation sphérique fait avec l'axe des x du trièdre de la surface. L'intégrale des forces vives, simplifiée à l'aide de l'équation (20), se réduit à

$$
(24) \qquad \frac{d\sigma}{dt}=h.
$$

D'autre part, les relations différentielles connues entre les rotations permettent de transformer les deux équations (22). Dans la première, on remplacera $\frac{\partial p_1}{\partial u}$, $\frac{\partial q_1}{\partial u}$, $\frac{\partial r_1}{\partial u}$ par leurs valeurs

$\frac{\partial p}{\partial v} + rq_1 - qr_1$, $\frac{\partial q}{\partial v} + pr_1 - rp_1$, $\frac{\partial r}{\partial v} + qp_1 - pq_1$; et, en opérant d'une façon tout analogue sur la seconde, ces équations s'écriront respectivement

$$p\,\frac{d}{dt}(pu' + p_1v') + q\,\frac{d}{dt}(qu' + q_1v') = (pq_1 - qp_1)\,v'\,(ru' + r_1v' - \lambda c),$$

$$p_1\,\frac{d}{dt}(pu' + p_1v') + q_1\,\frac{d}{dt}(qu' + q_1v') = -\,(pq_1 - qp_1)\,u'\,(ru' + r_1v' - \lambda c).$$

ou, par une combinaison linéaire immédiate,

$$\frac{d}{dt}(pu' + p_1v') = (qu' + q_1v')\,(ru' + r_1v' - \lambda c),$$

$$\frac{d}{dt}(qu' + q_1v') = -\,(pu' + p_1v')\,(ru' + r_1v' - \lambda c),$$

lesquelles, en vertu des équations (23) et (24), se réduisent à la seule

$$\theta' + ru' + r_1v' = \lambda c. \tag{25}$$

Le premier membre exprimant la courbure géodésique de la représentation sphérique, *cette représentation sphérique est un cercle*, cercle décrit d'un mouvement uniforme, d'après l'équation (24).

Quant à l'angle φ, il est donné par la condition, déduite de la combinaison des équations (20), (25), que $\theta - \varphi$, c'est-à-dire l'angle de l'axe des x du plan mobile avec la représentation sphérique de la trace de roulement, croisse proportionnellement au temps, ou encore que la composante de pivotement $\varphi' + ru' + r_1v'$ soit constante.

Enfin les équations (21) font connaître x et y par des quadratures. Le lieu du point de contact sur le plan mobile peut d'ailleurs être considéré comme défini par son arc qui est le même que celui de la surface et l'angle de la tangente avec l'axe des x du plan mobile, qui est $\omega - \varphi$, c'est-à-dire la somme de $\omega - \theta$ et d'une quantité proportionnelle au temps.

17. Lorsque la surface donnée est une sphère, les traces de roulement sur le plan mobile sont également des cercles, puisque $\omega - \theta$ est nul et que l'arc de courbe et l'angle $\omega - \varphi$ sont tous deux proportionnels au temps. On voit aisément que ceci ne peut se produire pour d'autres formes de la surface donnée.

En général, deux surfaces différentes peuvent-elles donner les mêmes traces de roulement sur le plan mobile ? Nous pouvons voir que cela est impossible, du moins si l'on demande que la correspondance des points homologues sur les deux surfaces soit la même dans tous les cas. En effet, les deux surfaces devraient être applicables l'une sur l'autre. Par suite, entre les deux représentations sphériques existerait une correspondance ponctuelle conservant les aires et transformant les cercles en cercles. Il est clair qu'une pareille correspondance ne peut être réalisée que par une simple rotation de la sphère, et nos deux surfaces pourraient être considérées comme applicables l'une sur l'autre avec parallélisme des plans tangents ; ce seraient donc deux surfaces minima associées, solution inadmissible dans notre problème, où ne peuvent figurer que des surfaces convexes.

18. Le cas d'une ligne roulant sur une surface est celui de $m = 2$, $p = 2$, puisque le paramètre θ n'entre pas dans les équations de liaison. Pour

$$\mathcal{A} = \xi u' + \xi_1 v' - l' \cos \omega,$$
$$\mathcal{B} = \eta u' + \eta_1 v' - l' \sin \omega,$$

l'équation (14) se réduit à

$$(\xi\eta_1 - \eta\xi_1)(\lambda \sin \omega - \mu \cos \omega) = 0.$$

Le facteur $\xi\eta_1 - \eta\xi_1$ étant essentiellement différent de 0, l'équation qu'il est permis d'utiliser est

$$(26) \qquad (\xi u' + \xi_1 v') \cos \omega + (\eta u' + \eta_1 v') \sin \omega - l' = 0,$$

c'est-à-dire qu'*elle exprime l'absence de glissement longitudinal*.

19. Prenons comme exemple le cas d'une droite roulant, sans être soumise à aucune force, sur une surface, où le point de contact décrira une certaine ligne L. Sur cette droite, soient des masses de somme m, distribuées d'une façon quelconque, dont nous pourrons toujours supposer que le centre de gravité corresponde à $l=0$ et dont le moment d'inertie principal sera mk^2.

La force vive de rotation autour du centre de gravité sera

$$mk^2\left(\frac{d\varepsilon}{dt}\right)^2 = mk^2\{[(pu' + p_1v')\sin\omega - (qu' + q_1v')\cos\omega]^2 + (\omega' + ru' + r_1v')^2\},$$

en désignant par $d\varepsilon$ l'angle infiniment petit dont tourne la droite. Quant à la vitesse du centre de gravité, comme nous avons le droit de faire abstraction du glissement longitudinal, nous la considérerons comme se composant : 1° d'une vitesse transversale

$$l(\omega' + ru' + r_1v') + (\xi u' + \xi_1 v')\sin\omega - (\eta u' + \eta_1 v')\cos\omega;$$

2° d'une vitesse normale

$$l[(pu' + p_1v')\sin\omega - (qu' + q_1v')\cos\omega].$$

Son carré sera donc

$$l^2\left(\frac{d\varepsilon}{dt}\right)^2 + 2l(\omega' + ru' + r_1v')[(\xi u' + \xi_1v')\sin\omega - (\eta u' + \eta_1v')\cos\omega] + [(\xi u' + \xi_1v')\sin\omega - (\eta u' + \eta_1v')\cos\omega]^2,$$

dont le dernier terme peut être négligé, comme étant homogène et du second degré par rapport aux premiers membres des équations de liaison. On aura donc

$$(27)\quad \left\{\begin{aligned} \frac{2T}{m} = {} & (k^2 + l^2)\{[(pu' + p_1v')\sin\omega - (qu' + q_1v')\cos\omega]^2 \\ & + (\omega' + ru' + r_1v')^2\} \\ & + 2l(\omega' + ru' + r_1v')[(\xi u' + \xi_1v')\sin\omega - (\eta u + \eta_1v')\cos\omega]. \end{aligned}\right.$$

Les équations différentielles à écrire sont au nombre de deux, dont l'une peut être remplacée par celle des forces vives

$$(28)\quad (k^2+l^2)\{[(pu'+p_1v')\sin\omega-(qu'+q_1v')\cos\omega]^2+(\omega'+ru'+r_1v')^2\}=\alpha^2.$$

Pour la seconde équation, nous prendrons celle qui est relative à ω, pour laquelle il n'y a qu'une seule expression Q à calculer, puisque la différentielle $d\omega$ n'entre pas dans les équations de liaison. Nous avons ainsi, en tenant compte des équations $\mathcal{A}=0$, $\mathcal{B}=0$,

$$(29)\quad \left\{\begin{aligned}&\frac{d}{dt}[(k^2+l^2)(\omega'+ru'+r_1v')]-(k^2+l^2)[(pu+p_1v')\sin\omega\\&\quad-(qu'+q_1v')\cos\omega][(pu'+p_1v')\cos\omega\\&\quad+(qu'+q_1v')\sin\omega]-ll'(\omega'+ru'+r_1v')=0\end{aligned}\right.$$

Il faut adjoindre les équations

$$(30)\quad \left\{\begin{aligned}\xi du+\xi_1 dv&=dl\cos\omega,\\ \eta du+\eta_1 dv&=dl\sin\omega,\end{aligned}\right.$$

lesquelles expriment que l n'est autre que l'arc de la ligne L et ω l'angle de cette ligne avec l'axe des x.

L'équation des forces vives nous donne

$$(pu'+p_1v')\sin\omega-(qu'+q_1v')\cos\omega=\frac{\alpha\cos\varpi}{\sqrt{k^2+l^2}},$$

$$\omega'+ru'+r_1v'=\frac{\alpha\sin\varpi}{\sqrt{k^2+l^2}},$$

où ϖ est l'angle du plan osculateur à L avec la normale à la surface. Si alors nous remarquons que la quantité

$$(pu'+p_1v')\cos\omega+(qu'+q_1v')\sin\omega$$

représente $\dfrac{dl}{dt}\left(\dfrac{d\varpi}{dl}-\dfrac{1}{\tau}\right)$, nous voyons que l'équation (29) se réduit à

$$\alpha\cos\varpi\sqrt{k^2+l^2}\cdot\frac{1}{\tau}=0.$$

La droite roulera donc sur une section plane de la surface.

20. Si le roulement est assujetti à avoir lieu sans pivotement, le nombre des combinaisons $\mathcal{C}$ devient égal à deux. Il est presque évident *a priori* (en considérant la ligne comme limite d'une surface) que ces combinaisons sont précisément les équations du roulement. C'est ce que l'on vérifie immédiatement d'après la forme des équations (3) et (4). Si, en effet, pour fixer les idées, on désigne encore par q_1, q_2, q_3, q_4, q_5 respectivement les variables u, v, l, ω, θ, on voit que tous les termes des expressions (18) contiennent des facteurs nuls.

II

SUR CERTAINS SYSTÈMES D'ÉQUATIONS

AUX DIFFÉRENTIELLES TOTALES

Par M. HADAMARD

(Procès-verbaux des séances de la Société des sciences physiques et naturelles de Bordeaux, 1894-1895.)

Un système de p équations linéaires aux différentielles totales

$$(S)\qquad \begin{aligned} A_1 dq_1 + A_2 dq_2 + \ldots + A_{m+p}\, dq_{m+p} &= 0 \\ B_1 dq_1 + B_2 dq_2 + \ldots + B_{m+p}\, dq_{m+p} &= 0 \\ \ldots\ldots\ldots\ldots\ldots\ldots\ldots\ldots & \\ L_1 dq_1 + L_2 dq_2 + \ldots + L_{m+p}\, dq_{m+p} &= 0, \end{aligned}$$

où on considère dq_1, dq_2, et dq_{m+p} comme des coordonnées homogènes dans l'espace à $m+p-1$ dimensions, représente une multiplicité plane à $m-1$ dimensions. Mais cette multiplicité peut aussi être représentée par un système (Σ) d'équations tangentielles au nombre de m, à savoir les conditions que doivent remplir les coefficients (coordonnées tangentielles) d'un hyperplan à $m+p-2$ dimensions, pour que cet hyperplan contienne notre multiplicité. Deux systèmes linéaires tels que (S) et (Σ) peuvent être appelés, pour abréger, *systèmes réciproques*. Si l'on désigne les coordonnées tangentielles par $\frac{\partial f}{\partial q_1}, \ldots, \frac{\partial f}{\partial q_{m+p}}$, le système ($\Sigma$) n'est autre que le système d'équations linéaires aux dérivées partielles qui détermine les intégrales du système (S).

Cela posé, lorsque le système (S) représente les équations de liaison dans un problème de dynamique, on est conduit, ainsi qu'il est expliqué dans le mémoire ci-dessus, à considérer spécialement dans ce système (S) certaines combinaisons $\mathcal{G}$ en nombre au moins égal à $p - \frac{m(m-1)}{2}$ qui jouent un rôle particulier dans la formation des équations de Lagrange.

Or, si nous faisons intervenir le système (Σ), le calcul des combinaisons $\mathcal{G}$ se ramène à une théorie bien connue. Si, en effet, on veut appliquer au système (Σ) la méthode de Lie, on devra adjoindre, aux équations E_1, E_2, ...E_m de ce système, les crochets (E_i, E_k) au nombre de $\frac{m(m-1)}{2}$ On obtient ainsi un nouveau système (Σ') de $m+\lambda$ équations $\left(0 \leq \lambda \leq \frac{m(m-1)}{2}\right)$ sur lequel on devrait recommencer la même opération. Ici, au contraire, nous nous arrêterons au système (Σ') et nous en prendrons le réciproque (S') ; *ce dernier se compose précisément des combinaisons $\mathcal{G}$ cherchées.*

On voit bien ainsi pourquoi le nombre de ces combinaisons est au moins de $p - \frac{m(m-1)}{2}$ et ne peut être de p que si le système est intégrable.

ÉVREUX, IMPRIMERIE DE CHARLES HÉRISSEY

www.ingramcontent.com/pod-product-compliance
Ingram Content Group UK Ltd.
Pitfield, Milton Keynes, MK11 3LW, UK
UKHW020418230726
13925UKWH00004B/1505

9 782013 458153